普通高等教育跨境电子商务方向系列教材

跨境电商物流

陈　璇　韩　雪　编

机 械 工 业 出 版 社

本书共9章，分别为跨境电商物流概述、跨境电商物流信息管理、跨境电商采购、跨境电商仓储管理、跨境电商配送管理、海外仓、跨境电商进口物流、跨境电商出口物流，以及跨境电商物流平台操作。通过学习本书，读者可了解跨境电商物流的基本理论，掌握跨境电商物流模式，理解跨境电商采购、仓储管理与配送管理的基本流程，熟练操作跨境电商物流平台，学会运用相关理论和方法分析并解决实际问题。

本书可作为普通高等教育本科及高职院校的跨境电子商务、国际经济与贸易、物流管理、电子商务等专业相关课程的教材，也可作为跨境电商行业从业人员了解行业发展、提高技能的参考书。

图书在版编目（CIP）数据

跨境电商物流/陈璇，韩雪编. —北京：机械工业出版社，2022.4（2024.1重印）
普通高等教育跨境电子商务方向系列教材
ISBN 978-7-111-70236-8

Ⅰ.①跨⋯　Ⅱ.①陈⋯②韩⋯　Ⅲ.①电子商务–物流管理–高等学校–教材　Ⅳ.①F713.365.1

中国版本图书馆CIP数据核字（2022）第031781号

机械工业出版社（北京市百万庄大街22号　邮政编码：100037）
策划编辑：常爱艳　　　　责任编辑：常爱艳　刘　静
责任校对：韩佳欣　贾立萍　封面设计：鞠　杨
责任印制：张　博
北京建宏印刷有限公司印刷
2024年1月第1版第2次印刷
184mm×260mm·12.5印张·249千字
标准书号：ISBN 978-7-111-70236-8
定价：39.80元

电话服务　　　　　　　　网络服务
客服电话：010-88361066　机　工　官　网：www.cmpbook.com
　　　　　010-88379833　机　工　官　博：weibo.com/cmp1952
　　　　　010-68326294　金　书　网：www.golden-book.com
封底无防伪标均为盗版　　机工教育服务网：www.cmpedu.com

前言

跨境电商物流是跨境电商发展的重要支撑,相比于国内快递物流,跨境电商物流流程复杂度大大提升,已经成为跨境电商发展的重要痛点之一。因此,我国政府十分重视跨境物流行业的发展,商务部、国家邮政局、海关总署等多次出台相关政策,鼓励跨境电商企业和跨境寄递服务企业建立海外仓,出台了一系列政策推动我国跨境电商物流建设。

跨境电商物流是高等学校电子商务专业和跨境电子商务专业的一门核心课程。通过学习这门课程,学生可了解跨境电商物流的基本理论,掌握跨境电商物流模式,理解跨境电商采购、仓储管理与配送管理的基本流程,熟练操作跨境电商物流平台,学会运用相关理论和方法分析并解决实际问题。

全书共9章,分别为跨境电商物流概述、跨境电商物流信息管理、跨境电商采购、跨境电商仓储管理、跨境电商配送管理、海外仓、跨境电商进口物流、跨境电商出口物流,以及跨境电商物流平台操作。

在借鉴现有教材优点的基础上,本书的特色体现在以下几个方面:

(1) 时效性。本书案例多以新生事件及计划内容为主,案例时效性鲜明。

(2) 实践性。本书突破以往很多教材重理论轻实践的框架,内容包含最新跨境电商物流模式,并且详细介绍了eBay、全球速卖通、敦煌网三个优秀跨境电商物流平台的操作流程。

(3) 全面性。本书既包含跨境电商采购、仓储管理与配送管理等基础内容,又详细介绍了跨境电商物流对跨境电商产品定价的重要作用、中国商业快递国际化发展、虚拟仓、"互联网+物流"背景下跨境电商物流的新发展等。

本书由天津天狮学院陈璇、韩雪编写。具体分工如下:第1章、第2章、第6章由韩雪编写,第3章、第4章、第5章、第7章和第8章由陈璇编写,第9章由陈璇、韩雪共同编写,最后由陈璇统稿。此外,本书编写过程参阅了相关资料,在此对所有作者表示感谢。

为方便教师授课,我们为选择本书作为授课教材的教师免费提供电子教学课件(PPT)、教学大纲及课后习题答案,请登录机械工业出版社教育服务网(www.cmpedu.com)获取。

虽然在编写过程中经过多次校对修改,但由于水平有限,书中难免有不当之处,敬请读者批评指正。

编 者

目 录

前 言

第 1 章 跨境电商物流概述 1
 本章学习目标 1
 引导案例 1
 1.1 认识跨境电商物流 2
  1.1.1 跨境电商的概念 2
  1.1.2 跨境电商物流的定义 3
  1.1.3 跨境电商物流与跨境电商的关系 3
 1.2 跨境电商物流模式 4
  1.2.1 我国主要的跨境电商物流模式 4
  1.2.2 跨境电商物流的其他模式及模式创新 7
 1.3 我国跨境电商物流存在的问题及发展趋势 11
  1.3.1 我国跨境电商物流存在的问题 11
  1.3.2 我国跨境电商物流的发展趋势 13
 1.4 跨境电商供应链管理 15
  1.4.1 跨境电商供应链的含义与特征 15
  1.4.2 跨境电商供应链管理流程 17
 本章小结 20
 课后思考题 20

第 2 章 跨境电商物流信息管理 22
 本章学习目标 22
 引导案例 22
 2.1 物流信息技术 23
  2.1.1 条码 23
  2.1.2 RFID 技术 27
  2.1.3 EDI 技术 29
  2.1.4 GPS 技术 31
  2.1.5 GIS 技术 33

　　　　2.1.6　大数据技术 34
　　　　2.1.7　区块链技术 37
　　2.2　跨境电商物流信息系统 40
　　　　2.2.1　跨境电商物流信息系统管理 40
　　　　2.2.2　跨境电商物流信息系统应用——企业资源计划系统 41
　本章小结 44
　课后思考题 44

第3章　跨境电商采购 46

　本章学习目标 46
　引导案例 46
　　3.1　跨境电商采购概念与流程 47
　　　　3.1.1　跨境电商采购的概念 47
　　　　3.1.2　跨境电商采购的流程 48
　　3.2　跨境电商采购模式 49
　　　　3.2.1　品牌授权代理 50
　　　　3.2.2　经销商采购 50
　　　　3.2.3　散买集货 51
　　　　3.2.4　代理采购 51
　　　　3.2.5　OEM模式 52
　　　　3.2.6　分销平台采购 52
　　3.3　跨境电商采购计划 53
　　　　3.3.1　采购计划 53
　　　　3.3.2　主生产计划 54
　　3.4　跨境电商采购的管理 57
　　　　3.4.1　跨境供应商的分类与选择 57
　　　　3.4.2　跨境电商采购决策的概念与特点 59
　　　　3.4.3　跨境电商科学采购决策的作用 59
　本章小结 60
　课后思考题 60

第4章　跨境电商仓储管理 62

　本章学习目标 62
　引导案例 62
　　4.1　跨境电商仓储管理的概念与目标 63

    4.1.1 跨境电商仓储管理的概念 ·· 63
    4.1.2 跨境电商仓储管理的目标 ·· 64
  4.2 跨境电商仓储管理操作 ·· 66
    4.2.1 跨境电商仓储管理流程 ·· 66
    4.2.2 跨境电商仓储管理原则与方法 ······································ 67
    4.2.3 跨境电商仓储量化指标 ·· 68
  4.3 跨境电商物流包装 ·· 69
    4.3.1 包装的定义与分类 ·· 70
    4.3.2 跨境电商物流包装合理化 ·· 72
    4.3.3 跨境电商物流包装技巧 ·· 74
 本章小结 ·· 75
 课后思考题 ·· 75

第 5 章 跨境电商配送管理 ·· 77

 本章学习目标 ·· 77
 引导案例 ·· 77
  5.1 跨境电商配送概述 ·· 78
    5.1.1 配送的概念和特点 ·· 78
    5.1.2 配送分类 ··· 79
  5.2 跨境电商配送中心概述 ·· 81
    5.2.1 配送中心的概念和功能 ·· 81
    5.2.2 配送中心的设计原则 ··· 82
    5.2.3 配送中心选址考虑的因素 ·· 83
  5.3 跨境电商配送中心运营管理 ·· 84
    5.3.1 配送需求计划 ··· 84
    5.3.2 配送中心作业流程 ·· 85
    5.3.3 配送中心线路优化 ·· 87
 本章小结 ·· 90
 课后思考题 ·· 90

第 6 章 海外仓 ··· 92

 本章学习目标 ·· 92
 引导案例 ·· 92
  6.1 海外仓模式概述 ··· 93
    6.1.1 海外仓的概念 ··· 93

|　目　录　|

- 6.1.2 海外仓的优缺点 94
- 6.1.3 海外仓的功能 95
- 6.1.4 海外仓操作流程及费用 96
- 6.2 海外仓选品定位与思路 97
  - 6.2.1 海外仓选品定位 97
  - 6.2.2 海外仓选品思路 98
- 6.3 传统海外仓模式 99
  - 6.3.1 亚马逊 FBA 仓 100
  - 6.3.2 第三方海外仓 102
  - 6.3.3 FBA 仓与第三方海外仓的共同点与异同点 103
  - 6.3.4 自营海外仓 104
- 6.4 虚拟海外仓 105
- 本章小结 107
- 课后思考题 107

第 7 章　跨境电商进口物流 108

- 本章学习目标 108
- 引导案例 108
- 7.1 直邮模式 109
  - 7.1.1 直邮模式的含义与特点 109
  - 7.1.2 直邮模式入境包裹的申报审批 111
- 7.2 保税模式 114
  - 7.2.1 保税备货模式的含义与特点 114
  - 7.2.2 保税物流中心 115
- 7.3 保税物流中心的出入库和库存管理 116
  - 7.3.1 入库管理 116
  - 7.3.2 库存管理 119
  - 7.3.3 出库管理 120
- 本章小结 122
- 课后思考题 123

第 8 章　跨境电商出口物流 125

- 本章学习目标 125
- 引导案例 125
- 8.1 邮政物流 126

VII

8.1.1 认识邮政物流 126
8.1.2 中国邮政物流产品 128

8.2 国际商业物流 134
8.2.1 认识国际商业物流 134
8.2.2 TNT 135
8.2.3 UPS 137
8.2.4 FedEx 139
8.2.5 DHL 140

8.3 专线物流 142
8.3.1 认识专线物流 142
8.3.2 Special Line-YW 143
8.3.3 Ruston 145
8.3.4 Aramex 148

8.4 中欧班列 149

8.5 出口市场风险管理 151
8.5.1 海关查验与扣货 151
8.5.2 关税及 VAT 152

本章小结 153
课后思考题 153

第 9 章 跨境电商物流平台操作 155

本章学习目标 155
引导案例 155

9.1 eBay 物流平台操作 156
9.2 全球速卖通物流平台操作 163
9.3 敦煌网物流平台操作 170

本章小结 187
课后思考题 187

附录 相关网站 189

参考文献 190

第 1 章
跨境电商物流概述

跨境电商物流是跨境电商发展的重要支撑，相比于国内快递物流，跨境电商物流流程的复杂程度大大提升，已经成为跨境电商发展的重要痛点之一，因此，我国政府出台多项政策推动跨境电商物流建设，众多信息技术也被广泛应用于跨境电商物流行业，跨境电商物流行业快速发展，伴随着跨境电商交易量的持续上升，跨境电商物流行业万亿市场规模也在不断扩大。

近年来，国家十分重视跨境电商物流行业的发展，商务部、国家邮政局、海关总署等多次出台相关政策文件，鼓励跨境电商企业和跨境寄递服务企业在境外建立海外仓，出台了一系列政策推动我国跨境电商物流建设。

本章学习目标

1. 理解跨境电子商务物流的内涵
2. 掌握跨境电子商务物流模式
3. 了解跨境电子商务物流存在的问题
4. 了解跨境电子商务供应链管理

引导案例

京 东 物 流

京东集团2007年开始自建物流，2012年正式注册物流公司，2017年4月25日正式成立京东物流集团。京东物流以技术驱动、引领全球高效流通和可持续发展为使命，致力于将过去十余年积累的基础设施、管理经验、专业技术向社会全面开放，成为全球值得信赖的供应链基础设施服务商。

京东物流是全球唯一拥有中小件、大件、冷链、B2B、跨境和众包（达达）六大物流网络的企业，凭借这六张大网在全球范围内的覆盖以及大数据、云计算、智能设备的应用，京东物流打造了一个从产品销量分析预测，到入库出库，再到运输配送各个环节无所不包，综合效率最优、算法最科学的智能供应链服务系统。

截至2020年9月30日，京东物流在全国运营超过800个仓库，包含云仓面积在内，京东

跨境电商物流

物流运营管理的仓储总面积约 2000 万 m^2。目前，京东物流已投入运营的 30 座"亚洲一号"智能物流园区以及超过 70 座不同层级的无人仓，形成了目前亚洲规模最大的智能仓群。京东物流大件和中小件网络已实现大陆行政区县近 100% 覆盖，90% 区县可以实现 24h 送达，自营配送服务覆盖了全国 99% 的人口，超 90% 自营订单可以在 24h 内送达。同时，京东物流着力推行战略级项目"青流计划"，从"环境"（planet）、"人文社会"（people）和"经济"（profit）三个方面，协同行业和社会力量共同关注人类的可持续发展。

阅读以上案例，思考：
1. 思考京东物流的优势是什么？
2. 什么是跨境电商物流，它的发展将对跨境电商将带来哪些影响？

案例来源：京东物流网站

1.1 认识跨境电商物流

跨境电商物流是伴随跨境电商发展而产生的。随着跨境电商的发展，跨境电商物流迅速成长。跨境电商的发展是物流、信息流和资金流的协调发展，跨境电商物流作为其中重要的一个环节，是决定跨境电商行业发展的关键性因素。

1.1.1 跨境电商的概念

跨境电商全称为跨境电子商务，其国际流行说法叫 cross-border electronic commerce。从狭义角度上看，跨境电商是指分属于不同关境的交易主体，借助电子商务平台达成交易，并进行支付结算，通过跨境物流送达商品完成交易的一种国际商业活动。其交易对象主要针对一部分小额买卖的 B 类商家和 C 类个人消费者。由于现实中，对小 B 类商家和 C 类个人消费者很难进行严格区分和严格界定，因此从海关统计口径来说，狭义的跨境电商相当于跨境零售。

从广义角度上看，跨境电商就是外贸领域内对互联网及信息技术的不同层次的应用（基本等同于外贸电子商务），是基于"国际贸易+互联网"的创新型商业模式，是指分属于不同关境的交易主体，通过电子商务的手段将传统进出口交易中的展示、洽谈和成交环节电子化，并通过跨境物流送达商品，完成交易的一种国际商业活动。因此，广义的跨境电商实际上就是把传统的进出口贸易网络化、电子化、数字化，它涉及货物与服务的在线交易（包括电子贸易、在线数据传递、电子支付、电子货运单证传递等多方面的活动）及跨境电商相关的电子化服务（供应链、国际物流、通关、平台推广等），是电子商务应用的高级表现形式。

1.1.2 跨境电商物流的定义

跨境电商运作过程中涉及信息流、商流、资金流和物流，信息流、商流和资金流均可通过计算机和网络通信设备在虚拟环境下实现，但物流环节是不能在虚拟环境下实现的。国际物流系统包括仓储、运输、配送、流通加工、包装、装卸搬运和信息处理七个子系统，国际物流系统高效率、高质量、低成本的运作是促进跨境电商发展的保证。

跨境电商物流是指位于不同国家或地区的交易主体通过电子商务平台达成交易并进行支付清算后，通过跨境物流送达商品进而完成交易的一种商务活动。也就是说跨境电商物流是采用现代物流技术，利用国际化的物流网络，选择最佳的方式与路径，以最低的费用和最小的风险，对货物（商品）进行物理性移动，从而达到国际商品交易的最终目的，最终实现卖方交付单证、货物和收取货款，买方接收单证、支付货款和收取货物的一项国际商品或交流活动。

跨境电商物流与传统物流的不同之处在于交易的主体分属于不同关境，商品需要从供应方国家（地区）通过跨境物流方式实现空间位置转移，在需求所在国家（地区）内实现最后的物流与配送，分为境内物流、国际（地区间）物流与运输、目的国（地区）物流与配送三块。

知识拓展

物流的定义

物流的概念最早是在美国形成的，起源于20世纪30年代，原意为"实物分配"或"货物配送"。1963年该概念被引入日本，日文意思是"物的流通"。20世纪70年代后，日本的"物流"一词逐渐取代了"物的流通"。

中国的"物流"一词是从日文资料引进来的外来词，源于日文资料中对"Logistics"一词的翻译"物流"。

中国的GB/T 18354—2006《物流术语》将物流定义为物品从供应地向接收地的实体流动过程，根据实际需要，将运输、储存、装卸、搬运、包装、流通加工、配送、信息处理等功能实施有机结合。

1.1.3 跨境电商物流与跨境电商的关系

1. 跨境电商必须通过线下跨境物流服务来完成

跨境电商的运营，会涉及信息、商业、资金的流动，这些工作都可以利用计算机网络系统执行，但是，商品运输是无法在虚拟的网络空间完成的，必须通过跨境物流在线下对商品进行运输、配送、储存、分拨等得以实现。

2. 跨境物流服务的水平决定了跨境电商的效率和效益

国际贸易的新形式表现为小批量、多频次、快速发货，这就要求进出口的零售商品必须快速响应客户需求，利用互联网和电子商务平台，通过线下跨境物流将商品尽快送达客户手中。跨境物流服务的成本、准确度和快速响应的品质，将成为跨境电商服务的极大竞争优势，直接影响和决定跨境电商的服务效率和经营效益。

3. 国际物流的价格，影响着跨境产品的定价、成本以及最终利润

国际物流是跨境电商产品交易的重要一环，也是必不可少的一环。大到物流渠道的选择、运费计算，小到产品包装，这些对产品运营都非常重要。跨境电商商品的价格主要由进货成本、跨境物流成本、跨境电商平台成本、售后维护成本、其他综合成本以及利润构成。合理设置运费或跨境物流运费，特别是新手卖家应该给予足够的重视。针对单位价值较低的产品，可以设置免运费，比较容易吸引客户，也便于隐藏高额运费。卖方在上架产品前，应对每个产品进行称重并计算相应的运费，合理设置包装方式，尽量将运费成本降到最低，并让利于买家，会在价格上获得更多的竞争优势，利于产品的销售。作为卖方一定要提高物流反应速度，提升消费者满意度，选择高质量的第三方物流或在有足够实力的情况下发展自己的物流体系，更有利于企业制定更具实效性且符合商品市场实际情况的价格策略，使成本消耗更低和收益更高。

1.2 跨境电商物流模式

1.2.1 我国主要的跨境电商物流模式

在跨境电商迅猛发展的同时，物流成本过高、配送速度慢、服务水平低等已成为亟待解决的问题。不同于国内物流，跨境物流距离远、时间长、成本高，不仅如此，中间还涉及目的地清关（办理出关手续）等相关问题。面对各式各样的物流方案、物流服务商，选择适合自己的跨境物流模式至关重要。

目前我国跨境电商物流模式主要有以下五种：

1. 邮政包裹模式

邮政网络基本覆盖全球，比其他任何物流渠道都要广。这主要得益于万国邮政联盟和卡哈拉邮政组织（KPG）。万国邮政联盟是联合国下设的一个关于国际邮政事务的专门机构，通过一些公约法规来改善国际邮政业务，发展邮政方面的国际合作。万国邮政联盟由于会员众多，而且会员之间的邮政系统发展很不平衡，因此很难促成会员之间的深度邮政合作。2002年，邮政系统相对发达的美国、日本、澳大利亚、韩国、中国内地和中国香港的邮政部门在美国召开了邮政CEO峰会，并成立了卡哈拉邮政组织，后来西班牙和英国也加入了该组织。卡哈拉邮政组织要求所有成员的投递时限要达到98%的质量标准。如果货物没能在指定日期投递给收件人，那么负责投递的运营商要按货物价格的100%赔付客户。这些严格的要求都促使成员之间深化合作，努力提升服务水平。例如，从中国内地发往美国的邮政包裹，一般15天以内可以到达。据不完全统计，中国内地出口跨境电商70%的包裹都是通过邮政系统投递，其中中国邮政公司占据50%左右，卖家使用的其他邮政包括中国香港邮政、新加坡邮政等。

（1）优势：邮政网络覆盖全球；由于邮政一般为政府主营，有税收补贴，因此价格非常便宜。

（2）劣势：一般以私人包裹方式出境，不便于海关统计，也无法享受正常的出口退税；速度较慢，丢包率高。

2. 国际快递模式

国际快递是指四大商业快递巨头，即DHL、TNT、FedEx和UPS。这些国际快递商通过自建的全球网络，利用强大的IT系统和遍布世界各地的本地化服务，为网购中国产品的海外用户带来极好的物流体验。

（1）优势：速度快、服务好、丢包率低，尤其是发往欧美发达国家非常方便。比如，使用UPS从中国寄包裹送到美国，最快可在48h内到达，TNT发送欧洲一般3个工作日即可到达。

（2）劣势：价格昂贵，且价格资费变化较大。一般跨境电商卖家只有在客户强烈要求时效性的情况下才会使用，且会向客户收取运费。

3. 国内快递模式

目前，我国跨境物流停留在传统物流层面，物流高端与增值服务缺失。国内快递主要是指EMS、顺丰和"四通一达"。在跨境物流方面，"四通一达"中申通、圆通布局较早，比如美国申通2014年3月才上线，圆通也是2014年4月才与CJ大韩通运展开合作，而中通、汇通、韵达则是刚刚开始启动跨境物流业务。顺丰的国际化业务则要成熟些，目前已经开通到美国、澳大利亚、韩国、日本、新加坡、马来西亚、泰国、越南等国家的快递服务，发往亚洲国家的快件一般2~3天可以送达。在国内快递中，EMS的国际化业务是最完善的。依托邮政渠道，EMS可以直达全球60多个国家，费用相对较低，中国境内的出关能力很强，到达亚洲国家2~3天，到欧美国家则5~7天。

（1）优势：速度较快；费用低于四大国际快递巨头；EMS在中国境内的出关能力强。

（2）劣势：由于并非专注跨境业务，相对缺乏经验，对市场的把控能力有待提高，覆盖的海外市场也比较有限。

4. 专线物流模式

跨境专线物流一般是通过航空包舱方式运输到境外，再通过合作公司进行目的国（地区）的派送。专线物流能够集中大批量到某一特定国家或地区的货物，通过规模效应降低成本。因此，其价格一般比商业快递低。在时效上，专线物流稍慢于商业快递，但比邮政包裹快很多。市面上最普遍的专线物流产品是美国专线、欧洲专线、大洋洲专线、俄罗斯专线等，也有不少物流公司推出了中东专线、南美专线、南非专线等。

（1）优势：集中大批量货物发往目的地，通过规模效应降低成本，因此，价格比商业快递低，速度快于邮政小包，丢包率也比较低。

（2）劣势：相比于邮政小包，运费成本还是高了不少，而且在国内的揽收范围相对有限，覆盖地区有待扩大。

5. 海外仓储模式

海外仓储服务是为卖家在销售目的地进行货物仓储、分拣、包装和派送的一站式控制与管理服务，简称海外仓。确切来说，海外仓储服务应该包括头程运输、仓储管理和本地配送三个部分。

头程运输：中国商家通过海运、空运、陆运或者联运将商品运送至海外仓库。

仓储管理：中国商家通过物流信息系统，远程操作海外仓储货物，实时管理库存。

本地配送：海外仓储中心根据订单信息，通过当地邮政或快递将商品配送给客户。

（1）优势：用传统外贸方式走货到仓，可以降低物流成本；相当于销售发生在本土，可提供灵活可靠的退换货方案，提高了海外客户的购买信心；发货周期缩短，发货速度加快，可降低跨境物流缺陷交易率。此外，海外仓储服务可以帮助卖家拓展销售品类，突破"大而重"的发展瓶颈。

（2）劣势：不是任何产品都适合使用海外仓储服务，最好是库存周转快的热销单品，否则容易压货；同时，对卖家在供应链管理、库存管控、动销管理等方面提出了更高的要求。

对于跨境电商的卖家来说，首先应该根据所售产品的特点（尺寸、安全性、通关便利性等）来选择合适的物流模式，比如大件产品（例如家具）就不适合走邮政包裹渠道，而更适合海外仓储模式。其次，在淡旺季要灵活使用不同的物流方式，例如在淡季时使用中邮小包降低物流成本，在旺季或者大型促销活动时期采用中国香港邮政或者新加坡邮政甚至比利时邮政来保证时效。最后，售前要明确向买家列明不同物流方式的特点，为买家提供多样化的物流选择，让买家根据实际需求来选择物流方式。

1.2.2 跨境电商物流的其他模式及模式创新

1. 其他跨境物流模式

（1）边境仓。边境仓是指在跨境电商目的国（地区）的邻国（地区）边境内租赁或建设仓库，通过物流将商品预先运达仓库，通过互联网接受客户订单后，从该仓库进行发货。根据所处地域不同，边境仓可分为绝对边境仓和相对边境仓。海外仓的运营需要成本，商品存在积压风险，送达后的商品很难再退回国内，这些因素推动着边境仓的出现。一些国家的税收政策十分严格，而且存在政局不稳、货币贬值、严重的通货膨胀等因素，也会刺激边境仓的出现。例如，巴西的税收政策十分严格，海外仓成本很高，那么可以在其邻国边境内设立边境仓，利用《南美自由贸易协定》推动对巴西的跨境电商。

绝对边境仓是指当跨境电商的交易双方所在国家（地区）相邻，将仓库设在卖方所在国家（地区）与买方所在国家（地区）相邻近的城市。例如我国对俄罗斯的跨境电商交易，在哈尔滨或在中俄边境的中方城市设立仓库。

相对边境仓是指当跨境电商的交易双方不相邻，将仓库设在买方所在国（地区）的相邻国家（地区）的边境城市。例如我国对巴西的跨境电商交易，就是在与之相邻的阿根廷、巴拉圭、秘鲁等接壤国家的临近边境城市设立仓库。相对边境仓对买方所在国（地区）而言属于边境仓，对卖方所在国（地区）而言，属于海外仓（境外仓）。

海外仓模式可以在买家本地仓库发货，大大缩短了配送时间，提高了配送效率，能有效降低物流成本，解决退换货和通关商检等问题，但是海外仓的运营成本较高，主要适用于货价较高、物流成本承担能力较强且市场销量较大的企业及电商平台，而且海外仓在实际运用中有一定的要求和局限性，比如需要考虑当地的物流发展水平与物流基础设施完善程度、当地税收政策及政局稳定性等，因此，针对一些物流设施配套不成熟或政局不稳定的国家（地区），设立边境仓是个较好的补充。

边境仓的运营成本稍低于海外仓，但时效方面比海外仓慢1~2天。因此，边境仓与海外仓的结合可大大便利中方与类似俄罗斯、巴西等国的双方跨境电商贸易。随着海外仓趋于成熟，边境仓未来的发展依然可以存在，可以为海外仓进行补货。

案例拓展

中国（云南）自由贸易试验区将推动建设边境仓

2020年3月13日，云南省人民政府办公厅发布的《中国（云南）自由贸易试验区管理办法》（以下简称《办法》）提出，鼓励企业在云南自由贸易试验区建设国际商贸物流基地，推进

跨境电商物流

大型进口资源集散中心和出口商品专业市场建设，支持在红河片区、德宏片区建设边境仓，加快河口、瑞丽国际快件监管中心建设，加强冷链基础设施网络建设，加快建设面向南亚、东南亚的跨境物流公共信息平台。

为充分发挥云南省"沿边"和"跨境"区位优势，《办法》规定，创新沿边跨境经济合作模式，依托跨境经济合作区、边境经济合作区开展国际产能合作，支持云南自由贸易试验区承接产业转移，打造面向南亚、东南亚的国际产能合作园区。

《办法》提出，在贸易便利方面重点体现提升贸易便利化水平，培育新业态新模式，将争取设立汽车整车进口口岸，开展平行进口汽车试点，对海关特殊监管区域外符合条件的"两头在外"检测、维修业态实行保税监管，创新海关税收征管模式，探索实行"先放行后缴税"等。

在扩大金融领域对外开放方面，《办法》支持符合条件的南亚、东南亚等国家金融机构设立外资金融分支机构（证券期货经营机构除外），鼓励符合条件的保理企业开展跨地区的保理业务，放宽跨国公司外汇资金集中运营管理准入条件，通过支持按照规定开展跨境融资业务，发行人民币债券，开展境内外金融租赁业务等促进跨境投融资便利化。

中国（云南）自由贸易试验区于2019年8月挂牌成立，涵盖昆明、红河、德宏三个片区，将着力打造"一带一路"和长江经济带互联互通的重要通道，建设连接南亚、东南亚大通道的重要节点，推动形成我国面向南亚、东南亚的辐射中心、开放前沿。

（2）自由贸易试验区、保税区、保税港区物流

1）自由贸易试验区。自由贸易试验区属于自由贸易园区（Free Trade Zone，FTZ），它是指在某一国家或地区境内设立的实行优惠税收和特殊监管政策的小块特定区域。它的设立相对简单，由单个主权国家或地区根据世界海关组织（WCO）相关规定自主设立，不需要与他人谈判，可以说是"对内"的。其做法是主权国家或地区在其关境范围内自主"划"定一片区域，在该区域内实行税收优惠甚至关税减免、放宽外商投资准入和海关特殊监管等政策，属于单方面的开放行为，实质上是采取自由港政策的关税隔离区。狭义自由贸易试验区仅是指提供区内加工出口所需原料等货物的进口豁免关税的地区，类似出口加工区；广义自由贸易试验区还包括自由港和转口贸易区。

2013年9月至2020年9月，中国已经分多批次批准了21个自由贸易试验区，形成了东西南北中协调、陆海统筹的开放态势，推动形成了我国新一轮全面开放格局。

2）保税区。保税区又称保税仓库区，是一国（地区）海关设置的或经海关批准注册、受海关监督和管理的可以较长时间存储商品的区域。运入保税区的货物可以进行储存、改装、分类、混合、展览，以及加工制造。保税区模式是目前最常用的跨境进口电商物流配送模式。保税区的商品暂时不需要向海关缴纳进口关税、增值税、消费税等税收，只有当客户下订单之后，卖

家将信息对接清关信息系统，发货出保税区进行配送时才需要缴纳进口税，这可降低企业成本。

保税区最显著的特征是通过仓储前置，用位移换时间，然后通过更经济的方式降低干线运输成本。这是一种提前备货、高效通关，最后选择更经济的物流企业完成最后一公里运输的物流运作模式。

通过自由贸易试验区或保税区仓储，可以有效利用自由贸易试验区与保税区的各类政策、综合优势与优惠措施，尤其是自由贸易试验区和保税区在物流、通关、商检、收付汇、退税方面的便利，简化跨境电商的业务操作，实现促进跨境电商交易的目的。

这种新型的"保税备货模式"，只需要消费者承担商品价格和国内物流费用，其他风险都由卖家承担，消费者购物风险得到极大程度的降低，有利于企业大订单集货，降低商品价格，提高客户满意度，避免了传统模式下的很多不利因素。

我国现已批准上海外高桥保税区、天津港保税区、大连保税区、深圳沙头角保税区、深圳福田保税区、深圳盐田港保税区、广州保税区、张家港保税区、海口保税区、青岛保税区、宁波保税区、福州保税区、厦门象屿保税区、汕头保税区和珠海保税区等，它们在我国跨境电商物流集货方面发挥了重要作用。

3）保税港区。随着经济全球化进程加快和保税区的不足日益显现，保税港区应运而生，成为中国进一步深化改革、扩大开放、带动区域发展的试验基地。保税港区是世界自由港在中国的一种特殊表现形式，是"中国化"的自由港。与传统保税区相比，保税港区不仅是真正的"境内关外"，还享受税收、监管等各项更为优惠的政策，在跨境电商物流集货方面具有先行先试的改革示范效应。例如，2017年7月26日在深圳前海湾保税港区建立的"全球中心仓"，通过"一区多功能、一仓多形态"的监管创新，使原来需要存储于多个地区、多个仓库的多种物流及贸易形态的货物可以在区内的一个中心仓内一站式完成，便利跨境电商企业更加灵活地运用国际国内两个市场、两种资源。

我国现已批复的保税港区有上海洋山保税港区、天津东疆保税港区、辽宁大连大窑湾保税港区、海南洋浦保税港区、浙江宁波梅山保税港区、广西钦州保税港区、福建厦门海沧保税港区、山东青岛前湾保税港区、广东深圳前海湾保税港区、广东广州南沙保税港区、福建福州保税港区，以及唯一一个位于中国内陆地区，也是第一个采取"水港＋空港"的保税港区——重庆两路寸滩保税港区，第一个位于县域口岸的保税港区——江苏张家港保税港区，全国第一家以出口加工区和临近港口整合转型升级形成的保税港区——山东烟台保税港区，等等。

（3）集货物流。集货物流是指先将商品运输到本地或当地的仓储中心，达到一定数量或形成一定规模后，通过与国际物流公司合作，将商品运到境外买家手中，或者将各地发来的商品先进行聚集，然后再批量配送，或者一些商品类似的跨境电商企业建立战略联盟，成立共同的跨境物流运营中心，利用规模优势或优势互补理念，达到降低跨境物流费用的目的。

2. 跨境电商物流模式创新

由于跨境电商物流涉及不同关境的国内段与国外段物流，加上不同的物流模式都有优缺点，因此，跨境电商很难以单一物流模式实现跨境物流。伴随跨境电商的发展，多种物流模式共用的跨境物流模式创新解决方案应用面更广。

跨境电商物流模式创新是指基于现有的各有利弊的物流渠道，从解决客户需求出发，从为客户提供更优质的物流服务入手，利用现有物流条件，寻求降低物流成本、兼顾时效性与安全性的最佳物流方案。

多种物流模式共用，多采用以上几种物流模式中的两种或两种以上，比如国际物流专线+海外仓，集货物流+保税区物流等。针对不同国家、不同商品等，采用适合的多种物流模式配合实现跨境物流，能够有效凸显各种物流模式的聚合效应。

知识拓展

"保税区 + 全球中心仓"模式

深圳前海湾保税港区位于深圳西部港区，2008年10月18日经国务院批准设立，2009年7月10日通过验收，2009年年底正式封关运作。

深圳前海湾保税港区采用"保税区+全球中心仓"物流集货模式。所谓"保税区+全球中心仓"模式，是在跨境电商发展实践中，为便利进出口贸易，在确保税收应收尽收、实际货物有效监管的前提下，在不同的保税港区内设立全球产品的集中仓储、分类发送的中心，通过运用大数据和信息科技手段，按照一定的规则建立不同账册之间互转互通，实现保税货物与非保税货物在同一个仓库内进行统一化的管理（见图1-1"全球中心仓"前后的操作模式比较）。

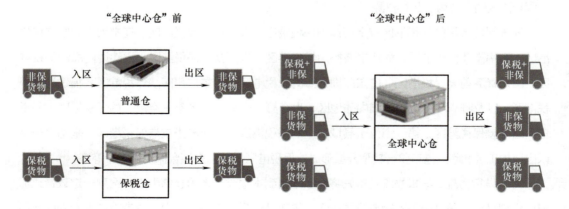

图1-1 "全球中心仓"前后的操作模式比较

"保税区＋全球中心仓"模式下的全球中心仓具有以下功能：

（1）实现出口货物与内贸货物同仓存储。在这一模式中，出口方将商品信息向海关申报，海关将相关记录数据记在非保税账册中。当海外订单生成，商品的出售可以直接在保税区办理商品出境，而对于尚未出售的非保税商品，则可以返回到国内进行销售，这一环节是对过去程序的简化操作，进出口商品的"复进口"程序大为简化。

（2）实现多种进口方式交换。进口商品时，企业可以选择跨境电商方式（1210），进口也可以选择一般贸易进口（0110），但两者的进口模式和缴税是不同的。跨境电商保税进口实施的是跨境进口综合税，是按照零售价来定税额，一般贸易是按批发价缴税，进口成本更低，但进口产品需完成相应的商检手续。所以跨境电商商家可以先通过跨境电商来试探商品是否在国内市场受欢迎，当产品变成爆款后，在商品完成相应的检验程序后，借助"全球中心仓"模式，便可以实现对跨境电商方式和一般贸易模式的互转。

（3）在同一仓库内实现全球买卖。跨境电商商家可以将海外商品存在于全球中心仓中，当海外订单生成，商品则由进口属性转变为出口属性，直接由仓库向海外输送，提升商品流通的灵活性。例如产自越南、日本的商品，都可以在"全球中心仓"暂为存储，当德国人进行下单操作后，"全球中心仓"内的商品便可以进行打包，向德国进行输送。

1.3 我国跨境电商物流存在的问题及发展趋势

1.3.1 我国跨境电商物流存在的问题

跨境电商物流的快速发展有效地推动了国内产品出口多样化，帮助更多小微企业加入到跨境电商服务行列中，反过来也增加了跨境电商物流业务量；但是，由于跨境电商物流周期长、成本高，往往难以满足消费者退换货要求。

我国跨境电商物流主要存在以下问题：

1. 物流链条长、作业复杂

由于增加了海外仓储配送、海上运输等过程，以及清关通关等环节，跨境电商的整个链条比普通物流的链条广、环节多，且涉及电商、海关、商检、税务、外汇等众多主体，各项信息需互联互通，其物流运作自然更为复杂，难度更大。例如运往俄罗斯、巴西等新兴市场的物流时间往往是几天甚至一个月之久。

2. 自动化、信息化程度不高

跨境电商物流涉及海量订单及海量 SKU（物理上不可分割的最小存货单位），订单商品分散，并且要快速完成订单拣选配送以及退换货处理，因此，对物流系统自动化程度要求较高。而目前多数跨境电商企业发展时间短，自身积累不足，物流信息系统不够先进，自动化物流设备及技术也引入较少。因此订单处理滞后、效率低且错误率高、库存管理混乱，甚至丢件等现象已成为困扰跨境电商发展的主要问题。

3. 跨境物流成本居高不下

跨境电商蓬勃发展之前，以满足国际贸易需求的大批量的国际运输是跨境物流的主体，国际商品配送的区域及对象较少，而且传统外贸下的商品配送运作体系也较为成熟，因而单位产品分摊的成本比较小。而跨境电商下面临的是海量订单，由于我国国内物流企业国际服务能力欠缺，跨境电商卖家为安全实现跨境交付，对于小额订单往往通过国际快递邮寄商品，物流成本是正常物流成本的 3 倍以上，以至于经常出现一笔订单的利润还不够支付快递费用的现象。以联邦快递（FedEx）为例，500g 商品从中国运送到美国，需要快递费 307 元人民币，且需另收关税、附加费和燃油附加费。

4. 跨境电商物流服务水平参差不齐

目前大型电商平台和第三方物流企业服务比较专业、运作比较规范，但中小物流企业的服务还存在诸多问题。例如，部分物流企业缺乏服务与诚信意识。有的企业承诺使用快捷、价格昂贵的空运，实际却使用成本低廉但耗时长的海运，收取空运的费用，提供海运效率的服务，获取更大的价差；有的企业假日无人服务，客户服务或投诉电话形同虚设，物流进程无法实时掌控；还有诸如企业员工调包货物、货损拒不赔偿等。

5. 通关效率低

所谓通关效率，主要是指从报关开始一直到报关结束后放行，在此期间承担商品货物的受托物流企业，其所占用的时间占总报关时间的比重。当前我国跨境电商在发展过程中，通关效率低是三大阻碍因素之一。由于各国海关政策不同，有些国家海关申报手续烦琐、时间长，费用支出也非常高。经常发生的是，进口国海关扣货查验，处理结果通常是直接没收、退回货物或再补充报关材料。没收或退货的结果非大型跨境电商企业往往无法承受，补充报关材料将延误货物交货期，客户可能取消订单或拒绝付款。

6. 退换货等逆向物流问题严重

在物流过程中，由于顾客的不满意而导致退货，或由于一些物品的使用价值降低或丧失，以及产品的基本功能失去了效用或已被淘汰,为再利用这部分具有再利用价值而被当作废物抛弃的物品而设计一个回收系统,由此产生的物流称为逆向物流。此外,一些地区存在着"无理由退货"的消费习惯和文化,使得退换货的现象更加普遍。跨境电商退换货是难题。由于跨境电商的逆向物流涉及两个或两个以上的国家(地区),商品的退换就必然涉及因过程烦琐造成的时间漫长问题及商品退税问题。在我国,就商品的退换所引发的退税问题,海关还没有统一的政策和解决方案,只能依据各个口岸海关自己出具的一些暂行政策来解决。绝大多数海外网购者因高额退换成本及麻烦程度,最终放弃了退换货的念头,从而影响了客户购买体验。

1.3.2 我国跨境电商物流的发展趋势

对于物流业而言,其核心任务就是将不同地区的货物进行交换运输,从而满足顾客对异地货物的需求。在传统的物流业发展中受到市场需求管理不足的影响,企业难以对大范围地区的物流需求进行掌控,从而影响了业务的扩展。而跨境电商的发展可以帮助跨境物流业,以更低的成本来获取更多的业务资源,从而推动了物流企业跨国业务的开展。在跨境电商的发展趋势下,物流企业进行发展模式的优化能够对其资金周转和经营成本的降低产生直接的影响。

政治与法律的外部宏观环境对于跨境物流企业的发展,也有着重要的影响作用。当前我国实施积极的对外贸易政策,对国际物流业我国政府当前持大力支持的态度。当前我国在促进国际物流企业发展上的有利政策法律有很多。例如:2020年5月6日,国家增设雄安新区等46个城市和地区为跨境电商综合试验区,进一步完善了跨境电商统计体系,实行对综合试验区内跨境电商零售出口货物按规定免征增值税和消费税、企业所得税核定征收等支持政策;2020年7月1日起,海关总署在北京、天津、南京、杭州、宁波、厦门、郑州、广州、深圳、黄埔海关开展跨境电商B2B出口监管试点,企业可以享受一次登记、一点对接、简化申报、优先查验、允许转关等便利化措施。自2020年9月1日起,增加上海、福州、青岛、济南、武汉、长沙、拱北、湛江、南宁、重庆、成都、西安等12个直属海关开展跨境电商B2B出口监管试点。自2021年7月1日起,在试点海关基础上,在全国海关复制推广跨境电商B2B出口监管试点。

这些相关法律法规规范了跨境电商服务,有利于企业更好地利用这些法律法规实现跨境电商的蓬勃发展。

案例拓展

天津首票跨境电商 B2B 出口全模式业务试单完成

2020年7月1日凌晨,在天津市商务局、天津海关、东疆海关的大力支持下,天津市首票跨境电商出口"9710、9810"全模式业务试单在天津东疆保税港区完成。

跨境电商物流

2020年6月13日，海关总署发布了《关于开展跨境电子商务企业对企业出口监管试点的公告》，将于2020年7月1日增列"9710、9810"监管代码用于跨境电商B2B出口业务。"9710"，简称"跨境电商B2B直接出口"，适用于跨境电商B2B直接出口的货物。"9810"，简称"跨境电商出口海外仓"，适用于跨境电商出口海外仓的货物。此次增列两个监管方式代码，对跨境电商B2B出口模式做了清晰界定和具体划分，并将跨境电商B2B贸易从一般贸易中剥离出来，将给跨境电商企业在简化申报、便利通关、出口退货等方面带来多项政策便利。

东疆保税港区作为北方重要的跨境电商海港口岸，已于6月完成天津市首单"1210"出口业务试单。此次跨境电商"9710、9810"出口业务试单成功，标志着东疆成为天津唯一跨境电商出口业务全模式试通区域，具备完整的跨境电商业务通道。下一步，东疆将深耕北方跨境电商产业资源，结合天津自由贸易区功能优势、创新优势，引育跨境电商产业链，推动外贸高质量发展。

未来，我国跨境电商发展趋势主要有以下几方面：

1. 促使仓储基地海外化

海外仓储是在主要的国际市场上建立起跨境电商企业自己的海外仓库，跨境电商将其产品运输到海外仓库中存放。这时，海外买家在计算机上下单后，海外仓库可以完成对清单的整理并配货。当海外仓库完成配货后，大型跨境电商企业可以利用海外物流进行配送，而中小型跨境电商企业则可以将后续的配送任务转交给第三方物流企业。这种在海外建立仓库的模式可以帮助跨境电商提前将货物配送到目的地，并且不受货物质量与体积的限制。通过在主要销售市场建立物流仓储基地，能够极大地提高物流配送效率，降低消费者等待的时间。这对于企业树立良好的企业形象、服务消费者并提升其消费者意愿都具有重要的促进作用。此外，在海外建立仓库也方便消费者换货，从而提高企业的售后服务水平，增加跨境电商的企业信誉。对于那些热销产品而言，建立海外仓库的意义十分明显。

2. 提升信息化水平

在当今的经济发展中，信息技术所起到的作用十分重要，可以说将传统产业与互联网的信息技术进行融合，是实现传统产业创新发展的主要途径。跨境物流是一种涉及信息十分复杂、但是重复性又较高的产业类型，要促进跨境物流更好地服务跨境电商发展。首先，政府或者是行业协会应当引导制定跨境物流发展的统一信息化技术标准。其次，国家要加大在基础信息服务上的投入力度，从而创造更加便利的基础信息使用环境。最后，流通企业本身也应当对其内部信息化建设进行改造升级，从而完善企业内部信息化水平，实现与国家标准的对接。

互联网发展趋势下要实现跨境物流发展，就必须有一批懂技术、会经营、会操作的高水平从业人员。为此就必须加强对从业人员的综合能力培养，在这一过程中，政府、企业以及个人应当从以下方面进行努力：首先，政府部门应当定期举办相关的跨境物流发展培训活动。其次，高校应当发挥其人才培养功能。一方面招收跨境物流专业的学生，另一方面则为社会上已经从事流通业的人员进行再次培训。企业应当建立起信息化背景下跨境物流发展人员的长期培训机制，使其在实践中不断提升。最后，作为从业者个人，也应当高标准要求自己，积极学习跨境物流发展的技能。

3. 促进网络与营销的国际化发展

物流企业的发展离不开一定的规模效益，在跨境物流发展过程中，要更好地支持跨境电商的发展，也必须有一定的规模。跨境物流企业之所以要实现一定的发展规模，其出发点首先在于当跨境物流形成一定的国际化规模后，能够降低运输成本并提高整体运输设备的使用效率。其次，当跨境物流企业形成的一定的规模后，可以购置一些大型运输工具，进一步提升自身服务消费者的能力。最后，这种规模化能够促进跨境物流企业更好地参与国际竞争，从而应对国际物流企业的挑战。而要实现其规模化发展，核心在于构建一套系统化的国际物流网络体系，从而扩大其服务的市场范围。要促进我国跨境物流企业更好地布局物流网络，必须要加强其发展的资金支持力度，而企业自身也应当树立国际化发展意识。随着市场竞争的日益激烈，要推动跨境物流企业的发展，就必须提升其市场营销能力，走国际化营销道路。通过国际化的市场营销可以帮助跨境物流企业提升市场份额，而市场份额的提升能够进一步促进跨境物流企业的国际化发展。

知识拓展

改进海关等政策措施

未来，我国需要建立综合服务平台，开启跨境贸易门户，包括物流、仓库、金融、营销等流程，引导跨境电商的发展。海关建立开放的监管数据标准，可以将进出口报关、检验检疫、退税等相关数据带到柜台，提高监管效率。同时在国内培养高素质的跨境电商人才，为跨境电商的未来发展奠定坚实的基础。

1.4 跨境电商供应链管理

1.4.1 跨境电商供应链的含义与特征

1. 跨境电商供应链的含义

跨境电商供应链是指跨境电商利用供应链开展跨境电子交易、跨境物流、跨境供应等活动，进而把供应商、海关、物流商和网络消费者等连接成一个整体的功能网链。

2. 跨境电商供应链的特征

（1）更个性化的服务。电商企业在一定程度上打破了时间和空间的界限，使得生产和消费过程都变得和谐统一，而跨境电商也属于电商模式，所以跨境电商企业的供应链是简单、高效、开放且灵活的。另外，企业经常能够通过消费者在电子商务中的信息交流获取很多关于消费者和市场需求的信息。

（2）独特的管理方式。与一般企业相比，跨境电商企业采用的供应链管理方式的主动性与积极性更高，特别是与传统的供应链比较，这种独特的管理方式能够显现出更加积极的作用。

（3）高度共享和集成的信息系统。因为跨境电商的交易活动是一个电子化、数字化以及网络化的过程，所以要使交易活动成功地进行，就必须依靠高度共享和集成的信息系统。有了这样的信息系统为基础，就能够以动态链接的形式来建立跨境电商企业的供应链管理，实现既高效又准确的信息运输。

（4）高效的营销渠道。现在的电商企业基本上都是通过建立零售商的订单和库存系统的方式来进行电子商务活动的。企业利用信息系统对各个零售商发出关于商品销售的通知，另外，企业可以收集相关信息来确定下一次的库存数量和进一步的销售计划，并对零售商进行指导，像这样通过先进的营销渠道可以明显提高企业的运营效率。

跨境电商和传统国际贸易模式在交易主体、交易环节、运作模式方面皆有所区别，因此，供应链作为跨境电商的行业纽带，也必须迅速完成从传统到现代的转型，为行业发展保驾护航。供应链的优化十分复杂，不是所有跨境电商都有能力如天猫国际一般将各大著名商品的授权悉数收入囊中，或者模仿京东在全球范围内布局仓库，所以更现实的做法是基于各自的优势，找准定位，有序、有效、全面地分析和整合物流、资金、商品等资源，形成完善的供应链，针对不同的订单情况和业务需求，找到最适合的供应链优化方案。

知识拓展

供应链管理的作用

供应链管理是对供应链所涉及组织的协同和对物流、信息流、资金流的集成，以满足用户的需求，提高供应链整体竞争力。有效的供应链管理能够使供应链上的企业获得并保持稳定持久的竞争优势，进而提高供应链的整体竞争力。越来越多的企业已经认识到实施供应链管理所带来的巨大好处，比如HP、IBM、DELL等在供应链管理实践中取得的显著成绩就是明证。

1.4.2 跨境电商供应链管理流程

跨境电商供应链较长，其中供应商、物流、通关、选品策略和支付五部分是几个关键点。

1. 供应商

现有的跨境电商企业的供应商主要分为四种：厂商直接供货模式，经销商/代理商供货模式，海外商超供给模式和买手代购模式。

（1）厂商直接供货。该渠道加价环节最少、定价优势大；具备厂商品牌背书，满足消费者"正品"需求；货物直供同时保证货源稳定性。

（2）经销商/代理商供货。一般而言，海外品牌经销/代理在保证本国供给充足的情况下会分拨货物给跨境电商。该渠道定价相对于厂商直供定价偏高，有时会遭遇厂商不承认货物正品资质。同时，在海外市场需求旺盛时跨境电商企业难以保证货物供应。

（3）海外商超供给。在货物供给缺口较大时企业不得不采用该类方式，即组织海外个人从当地商超批量采购。该渠道货源供给不稳定、价格优势最小，且难以获得厂商认可，导致较高法律风险。

（4）买手代购。该模式通常用于 C2C 平台，商品 SKU 丰富，海外买手满足消费者的情感或个性需求在海外商品市场选购各式各样的商品，但个人代购存在法律政策方面的风险。

随着中国跨境电商的日渐成熟，货源渠道的困局慢慢破冰。跨境电商平台在建立正品保障机制方面进行了诸多尝试，从买家、卖家、采货过程监督、物流追溯等全方位采取措施，将风险降到最低。而且以天猫国际、蜜芽等为代表的跨境电商在与海外品牌合作方面打开了新局面。天猫国际通过与海外商家进行洽谈对接，实现了品牌方直接入驻平台销售；而蜜芽则采取重资产模式，获得海外品牌商授权后进行自营。无论哪种模式，都说明越来越多的海外品牌开始关注中国跨境电商，无疑利好中国跨境电商业务的良性发展。

2. 物流

目前，跨境电商采用的发货模式主要有海外直邮模式和保税仓发货模式两种，对应着自建跨境物流+国内物流两种物流模式和保税仓+国内物流。

（1）海外直邮模式。海外直邮模式是跨境电商企业直接参与采购、物流、仓储等海外商品的买卖流程。海外直邮模式商品入境类似于个人物品直邮入境。

在海外直邮模式中，较常见的有 C2C。目前，也有平台采用自建跨境物流+国内物流的方式。

跨境电商物流

自建跨境物流 + 国内物流的模式相较保税仓发货模式而言，品类的选择更多，不需要在保税仓内压货，主要是通过对平台上的买手商品和品牌做有效的背书，提升用户购物体验，其代表平台有洋码头、亚马逊等。

（2）保税仓发货模式。保税仓发货模式分两段物流：国际段和国内段。商品完成国际段的运输后，要在该平台建立的保税仓进行拆包、检验、清关、分拣和打包，再用国内快递公司寄给消费者。

保税仓 + 国内物流模式采取跨境直采、入库自营的模式。用户下单后，平台从保税区清关发货，再通过第三方物流送货至用户，典型的平台有天猫国际、蜜芽、小红书、京东国际等。

3. 通关

目前，我国国内跨境电商进口业务的通关模式有三种：快件清关、集货清关、备货清关。其中，对集货清关、备货清关的跨境电商企业征收综合税，走 BC 通关，要求三单统一。

海关的清关速度直接决定了仓（区）内物流的速度和效率，我国进口跨境电商报关流程为：企业申报（换单、电子申报、报检、现场交接单）——海关查验（审单、查验、征税）——海关放行。一般来说，不同的货物清关时间不同，木材、机械、化工清关时间通常需要 3~5 个工作日，而食品需要 7~15 个工作日，因为还有抽样送检过程。不同通关模式的优劣对比见表 1–1。

表 1–1　不同通关模式的优劣对比

通关模式	优　势	劣　势	适　合　业　务	有无海关单据
快件清关	比较灵活，有订单才发货，不需要提前备货	申报品名要求高，物流通关效率较低，量大时成本会增加	企业创业初期，业务量少	无
集货清关	无须提前备货、相比于快件清关，物流效率高，成本低	需在海外完成打包操作，海外发货物流时间长	业务量迅速增长的企业，每周有多笔订单	有
备货清关	需提前批量备货，国际物流成本低，通关效率高，可及时响应售后服务要求	使用保税仓库，有仓储成本，备货会占用资金	业务规模较大、业务量稳定的企业	有

4. 选品策略

选品的重要性从本质上来说，决定着一个跨境平台的命脉。以聚美海外购为例，聚美海外购选品上主要有以下几个特点：向品牌商直接采货，以美妆和母婴类产品为主，倾向于价格较低的韩妆品牌；刻意避开了国内的"爆款"，根据用户消费数据筛选商品；采用少量单品限时销售，避开了拿不到品牌代理的尴尬。2016 年后，国家新政频出，门槛增高，市场竞争更加激烈，跨境电商行业从野蛮生长期进入洗牌期，但供应链始终是跨境电商发展的命门。未来，行业将从选品、物流、支付等多方面逐步规范，获得新生。

5. 支付

支付环节是真正产生现金流的环节，因此从供应链的角度来看，高效、安全、便捷地向海外购买者收取不同货币并接入本土支付方式，是跨境电商控制和优化资金流的重要环节。网络支付是跨境电商的基础设施，也是推动区域国际化的必要支付手段。我国跨境网络支付的发展刚刚起步，跨境网络资金渠道建设、国际商户接入等方面都处于积累阶段。但在跨境电商高速发展的刺激下，网上支付的需求呈几何级数增长，支付方式也逐渐多元化。

我国跨境支付市场可以分为三大类：第一类是境内第三方支付机构，主要涉足跨境网购、出口电商市场，如支付宝；第二类是境内传统金融机构，它们凭借强大的银行网络，不仅支持跨境网购、出口电商，还覆盖了境外 ATM 取款和刷卡消费等业务市场，如银联；第三类是境外支付企业，提供全球在线收付款业务，如 PayPal。我国跨境电商业主要通过以上三类企业的支付业务完成支付环节，特别是第三方支付的应用极大地提升了跨境网络交易效率，得到消费者的青睐。在这样的市场环境下，有效管理多种支付方式成为跨境电商必须面对的又一挑战。

目前来看，跨境支付依然是我国跨境电商发展的瓶颈之一，尤其是随着第三方支付平台的迅速成长，管理政策、业务操作方面存在的漏洞也愈加凸显出来。跨境支付业务使得商务活动突破了时空限制，辐射到全球各个角落，使金融信息和资金链在数据平台上不断集中。而电子商务的电子化和虚拟性使得资金的真实来源和去向难以辨别，存在虚假交易和欺诈风险、资金跨境流动和洗钱风险等；同时，支付机构备付金账户会产生资金沉淀，存在资金安全隐患、支付风险以及道德风险。

目前，我国在跨境支付方面尚无细则出台，相关企业在处理支付风险问题时无章可循，而且一旦支付系统出现问题或者交易方资信出现问题，将对客户资金形成极大的威胁。因此，完善跨境支付体系，并对其进行严格规范和监管就显得尤为重要和迫切，而这需要企业和政府的共同努力才能实现。

对于支付企业而言，建立健全客户认证机制是当务之急。客户身份的隐蔽性是困扰支付行业的一大因素。对客户身份、业务范围、资信情况、交易信息等进行了解、核实、记录和更新，将有利于相关部门进行有效监管，降低交易风险，遏制通过跨境支付手段进行犯罪的行为。支付企业可以通过数据挖掘，针对不同客户的需求开展增值服务，以增加企业的盈利点。

跨境支付企业应该与银行签订相关协议，明确双方的权利义务，积极进行信息沟通协作，配合防范各类交易风险，同时，还可以聘请专业的审计机构定期对境外收单业务进行审计核查，一方面促进境外收单业务操作规范，另一方面也可以确保沉淀资金的安全。

跨境电商物流

对于政府而言，要更加充分地发挥监管和服务功能，为跨境支付行业的发展提供良好的市场环境。第一，应该放宽业务限制，加大扶持力度。尽管国内支付企业的境外合作商户数量正在逐步增加，但与 PayPal 等国际支付巨头相比差距依然很大。因此政府可以适当放宽对跨境支付业务的限制，通过扩大其业务范围、提高跨境支付单笔交易限额等手段，加大扶持力度，增强我国跨境支付企业的竞争力。第二，建立跨境支付业务准入机制。对从事跨境电商的境内主体进行登记和严格审核，对跨境支付机构的外汇业务经营资格、业务范围等建立市场准入标准，防止不具备条件的支付组织办理跨境支付及相关业务，造成市场混乱无序。第三，各部门协调配合，形成监管合力。跨境支付监管涉及银行、外汇管理、工商、税务、海关、公安等多个政府部门。目前，各部门的监管行为缺乏统一规划，运转协调、相互配合的监管体系尚未形成，多部门信息不对称而导致重复监管和要求不统一的问题依然存在。因此应该建立各部门的联合机制，形成监管合力，以实现对跨境支付的有效监测，为跨境支付机构办理业务提供更多便利。而跨境电商信息交互平台无疑是各部门进行任何监管的有效方式。具体来说，就是由监管部门共同建立跨境电商信息交互平台，跨境支付机构将网络交易订单、资金流、物流等信息导入信息平台，各监管部门进行交叉比对，通过信息化手段防控风险，维护国家经济的金融和信息安全。

本章小结

本章主要介绍了跨境电商物流和跨境电商供应链的相关概念、跨境电商物流模式以及跨境电商物流发展的问题及未来发展趋势。通过本章的学习，读者可理解跨境电商物流和跨境电商供应链的相关概念，掌握跨境电商物流模式，为学习后续章节的内容奠定基础。

课后思考题

一、简答题

1. 什么是跨境电商物流？
2. 分析跨境电商物流不同模式的特点。
3. 分析跨境电商物流的优劣势。
4. 分析"一带一路"背景下跨境电商物流面临的机遇与挑战。
5. 什么是跨境电商供应链？

二、案例分析

盒马鲜生，就如同它的名字一般，能够给消费者提供优质的、新鲜的产品，而且这些产品还可以在更短的时效内到达消费者的手中，这是盒马鲜生的厉害之处。

盒马鲜生一直以来都建立有一个比较高效的物流配送体系，以冷链物流配送为主的整个运输体系，占据了重要位置。这一个完善的物流配送体系是品牌花费了巨额建立起来的，旨在保障物流配送的品质，提高新鲜食品配送时效，确保消费者的利益。

这一高效物流体系的建立，强大的作用还不止体现在提升物流配送时效这一方面。对于大部分新鲜食品供应商来说，它们在为消费者提供服务的时候，在物流配送这个环节中，所耗费的成本是巨大的，如距离比较远产生的运输费用，运输过程当中一些必要的保护措施，以及对物流运输的环节的监控等，都需要耗费相关的人力物力。而产品在运输过程中，必然会有一定的损耗，这一个损耗的数值会随着运输时间的延长而增加，因此，唯有缩短物流配送的时间，提高配送效率，才可以最大限度地保障新鲜食品的品质。盒马鲜生建立的高效的冷链物流体系，不仅可以缩短配送时间，还可以有效监控产品品质，既降低了产品在物流配送过程中的损耗率，也提升了产品的品质及营养度，最终消费者的满意度也会提升，达到了一举多得的目的。

所以说，盒马鲜生的这个高效的物流配送体系的建立是成功的，前期尽管需要投入大量的人力物力，但是后续产生的长远的效益却无法预估，这也是盒马鲜生能够成功的一个重要原因，更是其他同行无法比拟的一点。相信未来这一套物流配送体系将会越来越完善，并成为更多同行所争相效仿的对象，能更高效地应用在跨境电商物流中。

问题：

1. 盒马鲜生物流的成功之处是什么？
2. 说说生活中的新零售与新物流。

第 2 章
跨境电商物流信息管理

物流信息技术是物流现代化的重要标志,也是物流技术中发展最快的领域,从数据采集的条码系统,到办公自动化系统中的微机、互联网,各种终端设备等硬件以及计算机软件都在日新月异地发展。同时,随着物流信息技术的不断发展,产生了一系列新的物流理念和新的物流经营方式,推进了物流的变革。在供应链管理方面,物流信息技术的发展也改变了企业应用供应链管理获得竞争优势的方式,成功的企业通过应用信息技术来支持它的经营战略并选择它经营的业务。通过利用信息技术来提高供应链活动的效率性,增强整个供应链的经营决策能力。

本章学习目标

1. 了解条码技术、RFID 技术、EDI 技术、GPS 技术、GIS 技术、大数据技术、区块链技术的含义
2. 理解条码、RFID、EDI、GPS、GIS、大数据、区块链等技术在跨境电商物流中的应用
3. 理解跨境电商物流信息系统管理的作用

引导案例

中国邮政速递物流的"跨境电子商务服务平台"

中国邮政速递物流的"跨境电子商务服务平台"项目,实现了与电商平台、支付平台、海关商检、运输渠道及仓储企业系统对接,多方协同作业、信息共享,利用企业、商品、用户等信息备案,快件自动合成清单、集中向海关申报,将跨境电商业务的全程信息向政府与海关透明化,实现全程信息可视、可溯、可控,同时取得结汇联、退税联,为广大跨境电商企业零售进出口提供一站式操作和服务便利。

另外,该平台为出口中小企业提供端到端的解决方案,整合了中国邮政速递物流多个国际业务创新产品,如以中国邮政"在线发运系统"为统一客户订单接入模块,提供e邮宝、e速宝、e特快及香港快递等多种时效和线路产品,以"中邮海外仓"为统一海外仓储服务模块,为客户提供美国、澳大利亚、英国等多地境外远程仓储管理服务,以"中邮集货转运"模块为客

户提供境外包裹集货"一票到底"进口运输＋配送、境内包裹集货出口运输＋境外落地配送，以及基于海关"监管保税仓"进口的仓储＋配送。中国邮政是万国邮政联盟成员单位，凭借丰富的经验和独特的优势，目前中国邮政速递物流已参与了多个跨境电商的试点城市的业务运营，邮政产品作为B2C进出口试点推广，如郑州、杭州、广州、深圳、重庆、天津等地均已开展，并在各口岸成立相关的海关监控区域或保税仓及外贸资质机构，为外贸企业提供全方位的跨境服务。

中国邮政速递物流"跨境电子商务服务平台"建设定位于"国内领先、国际一流"的目标，平台是中国邮政对国家政策的积极响应和有效落实的切实探索，广泛引入了国际先进的机构、技术和工具。平台建设的成功，将在技术支撑和引领业务发展上进一步地促进国际快递、贸易及物流信息化水平的发展，为共同降低社会物流总成本、促进外贸发展做出贡献。

阅读以上案例，思考：
1. 为什么要发展"跨境电子商务服务平台"？
2. "跨境电子商务服务平台"具有哪些优势？

案例来源：中国邮政速递物流股份有限公司网站

2.1 物流信息技术

跨境电商的发展在一定程度上驱动了跨境物流行业的进一步规范，仓储一体化、线上拓展以及全渠道供应链的结合，使得不少物流服务商在智能化和数字化上不断深入研发，以期望进一步降低全球化下的物流配送成本，促进跨境电商行业的发展。

2.1.1 条码

条码最早出现在20世纪40年代，但得到实际应用和发展还是在70年代前后，条码是由美国的乔·吾德兰德（Joe Woodland）在1949年首先提出的。1970年，美国超级市场Ad Hoc委员会制定出通用商品代码（Universal Product Code，UPC），许多团体也提出了各种条码符号方案。1973年美国统一编码协会（UCC）建立了UPC条码系统，实现了该码制标准化。条码包括一维条码（简称一维码）和二维条码（简称二维码）。

条码技术是实现物流信息管理的重要手段。我国于1988年成立了中国物品编码中心，专门负责全国物品的编码管理工作，并且于1991年加入欧洲物品编码（European Article Number，EAN）组织（2002年更名为国际物品编码组织（GS1））。

1. 一维码

（1）一维码的含义。一维码是指由一组规则排列的条、空及其对应字符组成，用以表示一定信息的标识。"条"是指对光线反射率较低的部分，"空"是指对光线反射率较高的部分，这些条和空组成的数据表达一定的信息。

（2）一维码的分类。常用的一维码的码制包括 EAN 码、39 码、交叉 25 码、UPC 码、128 码、93 码、ISBN 码及 Codabar 码（库德巴码）等。

EAN 有两种版本，标准版表示 13 位数字，称为 EAN 13 码；缩短版有 8 位数字，称为 EAN8 码。EAN13 码是国际物品编码组织在全球推广应用的一种商品条码，它是一种定长、无含义的条码，使用 0~9 共 13 个字符。EAN13 码如图 2-1 所示。

1）前缀码：用来标识国家或地区的代码，由国际物品编码组织统一管理和分配，以保证其在全球范围内的唯一性。中国大陆的前缀码为 690~699，中国香港地区的前缀码为 489，中国台湾地区的前缀码为 471；日本的前缀码为 450~459、490~499；美国的前缀码为 000~019、030~039、050~059、060~139 等。

2）厂商识别代码：由 7~9 位数字组成，用于对厂商的唯一标识，在中国由中国物品编码中心赋予。

3）商品项目代码：由 3~5 位数字组成，由厂商自行编码，商品项目与其标识代码要一一对应，即一个商品项目只有一个代码，一个代码只标识一个商品项目。

4）校验码：用于校验厂商识别代码、商品项目代码的正确性。

EAN8 码是 EAN13 码的压缩版，由 8 位数字组成，用于包装面积较小的商品上。与 EAN13 码相比，EAN8 码没有制造厂商识别代码，仅有前缀码、商品项目代码和校验码。EAN8 码如图 2-2 所示。

图 2-1 EAN13 码

图 2-2 EAN8 码

2. 二维码

（1）二维码的含义。二维码又称二维条码，在二维方向（水平方向和垂直方向）上都表示信息的条形。由于一维码携带的信息量有限，如EAN13码仅能容纳13位阿拉伯数字，更多的信息只能依赖物品数据库的支持，脱离了预先建立的数据库，这种条码就没有意义了。二维条码最早发明于日本，它是用某种特定的几何图形按一定的规律在平面（二维方向上）分布的黑白相间的图形记录数据符号信息的，在代码编制上巧妙地利用构成计算机内部逻辑基础的"0""1"比特流的概念，使用若干个与二进制相对应的几何形体来表示文字数值信息，通过图像输入设备或光电扫描设备自动识读以实现信息自动处理。它具有条码技术的一些共性：每种码制有其特定的字符集；每个字符占有一定的宽度；具有一定的校验功能等。同时还具有对不同行的信息自动识别功能及处理图形旋转变化等特点。最早时，它在报纸上扮演着排版自动化的角色；之后被用在火车票上，记录着个人信息聚合和防伪的功能；现在它渐渐融入了我们的生活中，手机、登机牌、地铁广告牌、商品包装纸，甚至是餐盘纸上面，随处可见它的身影，为人们带来了方便。

（2）二维码与一维码的区别

1）外观。一维码由纵向黑条和白条组成，黑白相间而且条纹的粗细也不同，通常条纹下还会有英文字母或阿拉伯数字。横向表示信息，纵向不表示信息。

二维码通常为方形结构，不单由横向和纵向的条码组成，而且码区内还会有多边形的图案，同样二维码的纹理也是黑白相间，粗细不同，二维码是点阵形式。一维码和二维码外观的区别如图2-3所示。

2）作用。一维码可以识别商品的基本信息，如商品名称、价格等，但并不能提供商品更详细的信息，要调用更多的信息需要计算机数据库的进一步配合。

图2-3　一维码和二维码外观的区别

二维码不但具有识别功能，而且可显示更详细的商品内容。例如衣服，不但可以显示衣服的名称和价格，还可以显示采用的是什么材料，每种材料占的百分比，衣服尺寸大小，适合身高多少的人穿着，以及一些洗涤注意事项等，无需电脑数据库的配合，简单方便。

（3）主要二维码分类

1）Data Matrix码。该码由美国国际资料公司（International Data Matrix，ID Matrix）于1989年发明。Data Matrix二维码是一种矩阵式二维条码，其发展的构想是希望在较小的条码标签上存入更多的资料量。Data Matrix二维码的最小尺寸是目前所有条码中最小的，尤其适用于小零件的标识，以及直接印刷在实体上。Data Matrix码的数据区域四周为L形框（称为"对准图案"）和点线（称为"时钟图案"）。读取器将捕获这些图案，通过图像处理技术确定代码的位置。因此，可从任何方向上读取 Data Matrix 码。Data Matrix 码如图 2-4 所示。

2）QR 码。该码是由日本电装（DENSO）公司于 1994 年 9 月研制的一种矩阵二维码符号，最早用于日本汽车制造业。它具有信息容量大、可靠性高、可表示汉字及图像多种文字信息、保密防伪性强等优点。

QR 码英文全称是 Quick Response Code，翻译成中文为快速响应二维矩阵码，广泛应用于网络和各种商标以及手机技术。QR 码如图 2-5 所示。

图 2-4　Data Matrix 码　　　　　　　图 2-5　QR 码

3）Maxicode 二维码。其标志是中央的同心圆（或称公牛眼）定位图形。Maxicode 具有一个大小固定且唯一的中央定位图形，为三个黑色的同心圆，用于扫描定位。美国知名的 UPS 快递公司认识到利用机器辨读资讯可有效改善作业效率、提高服务品质而研发了该码。Maxicode 二维码是特别为高速扫描而设计的，主要应用于包裹搜寻和追踪上。Maxicode 二维码如图 2-6 所示。

4）PDF417 码。PDF417 码是由留美华人王寅敬博士发明的，是一种栈式二维码。PDF 是取英文 Portable Data File 三个单词的首字母的缩写，意为"便携数据文件"。我国香港特别行政区的居民身份证也采用了 PDF417 码。其他的应用，如营业执照、驾驶证、护照、城市的流动人口暂住证、医疗保险卡等也都是很好的应用方向。PDF417 码如图 2-7 所示。

图 2-6　Maxicode 二维码　　　　　　图 2-7　PDF417 码

目前，二维码主要应用于信息、价值流领域，即需要对标的物（即货物）的特征属性进行描述的领域。在该领域，由于用简单的代码（一维码）无法实现信息和属性描述功能，因此必须采用二维码及 RFID 技术。其中，RFID 技术由于成本高昂及安全性存在缺陷，限制了其在大部分领域的应用。基于此，二维码的应用较为广泛。未来，二维码即将或正在广泛应用于海关、税务征管管理、文件图书流转管理、车辆管理、票证管理（几乎包含所有行业）、支付应用（如电子回执）、资产管理及工业生产流程管理等多个领域。

3. 条码在跨境电商物流中的应用

商品在全球贸易流通中需要一个通行全球的"身份证"和"通行证"，这个"身份证"和"通行证"就是商品条码。条码在跨境电商物流方面的主要应用有以下几方面：

1）产品在订货、拣货、发货、运输等各个流程中均可以利用物品编码技术实现产品的数据采集和分析，同时节约人力和物力，使产品以最快的速度送达消费者手中。

2）商品条码还能在仓储管理环节中"自由穿行"，实现智能仓库管理。仓库应用商品条码进行商品出库管理，能够更加快速、准确地识别商品，及时分析和收集商品信息，并合理安排库存，同时减少手工操作导致的失误。

3）在售后服务环节，消费者下单后，可以利用商品条码对商品进行实时监控，并随时获取物流信息；同时当消费者所购商品出现质量问题时，只要生产该商品的企业建立了以商品条码为基础的追溯系统，便可以通过商品条码提供的信息追溯到问题所出现的环节并妥善解决。

对电子商务企业来说：无论网上做贸易还是线下做买卖，有了国际统一的商品条码，商品就可以在全球任何国家和地区通行无阻，保持交易主体的一致性，提高交易效率，实现无纸化贸易。针对在线销售的产品来说：商品条码这一通行全球的合法"身份证"，不仅能让全球的买家更加信赖该产品，还能使销往全国各地的产品都能有据可查，有源可循。对于电商物流管理来说：物流过程中的任何参与方，都可以通过商品条码、GLN（全球位置码）、箱码等统一物品编码标准来标识，实现供应链上下游信息互动，有效对接仓储物流运输等各环节信息，真正实现自动化、可视化管理。

2.1.2 RFID技术

1. RFID技术的含义

射频识别（RFID）是一种无线通信技术，可以通过无线电信号识别特定目标并读写相关数据，而无须识别系统与特定目标之间建立机械或者光学接触。与条码不同的是，射频标签可以嵌入被追踪物体之内。

知识拓展

RFID技术

RFID技术起源于英国，应用于第二次世界大战中辨别敌我飞机身份，20世纪60年代开始商用。RFID 技术是一种自动识别技术，美国国防部规定 2005 年 1 月 1 日以后，所有军需物资都要使用 RFID 标签；美国食品与药品管理局（FDA）建议制药商从 2006 年起利用 RFID 技术跟踪常造假的药品。沃尔玛、麦德龙等零售业应用 RFID 技术等一系列行动推动了 RFID 在全世界的应用热潮。

2. RFID 在物流中的应用

（1）零售业环节。RFID 能够改进零售商的库存管理，实现适时补货，对运输与库存进行有效跟踪，提高效率，减少出错。同时，智能标签能对某些时效性强的商品进行监控，确保其在有效期限内；商店还能利用 RFID 系统在付款台实现自动扫描和计费。RFID 标签在供应链终端的销售环节，特别是在超市中，免除了跟踪过程中的人工干预，并能够使得生成的业务数据达到 100% 准确。

（2）仓储环节。仓库里，RFID 技术最广泛地使用于存取货物与库存盘点，将存货和取货等操作实现自动化。RFID 技术与供应链计划系统制订收货、取货、装运等计划，这样不仅增强了作业的准确性和快捷性，使得服务质量提高，降低了成本，劳动力和库存空间得到了节省，同时减少了整个物流流程中由于商品误置、送错、偷窃、损害、出货错误等造成的损耗。RFID 系统还用于智能仓库货物管理，有效地解决了仓库中与货物流动有关的信息的管理。

（3）运输环节。运输管理中，在途运输的货物和车辆上贴上 RFID 标签，运输线的一些检查点上安装上 RFID 接收转发装置。这样，在接收转发装置中收到 RFID 标签信息后，连同接收地的位置信息上传至通信卫星，再由卫星传送给运输调度中心，送入数据库中。

（4）物流配送分销环节。采用 RFID 能大大加快配送的速度和提高拣选与分发过程的效率与准确率，并能减少人工、降低配送成本。系统将读取到的信息与发货记录进行核对，可能出现的错误都能够检测出，然后将 RFID 标签更新为最新的商品存放地点和状态。库存控制得到精确管理，甚至对目前还有多少货箱处于转运途中、转运的始发地和目的地，以及预期的到达时间等信息都可以确切了解。

另外，RFID 技术应用到报关系统，可以使海关系统和物流企业同时减轻负担。具体来说就是把货物的信息和海关的报关系统连接。如果货物只是一件一件的，那么可以提前把货物的信息共享到海关。然后在货物上贴上 RFID 标签。当货物比较多的时候可以集中在海关报关。由于 RFID 技术可以实现非接触读取，因此将会提高报关的效率。

RFID 在物流中的应用如图 2-8 所示。

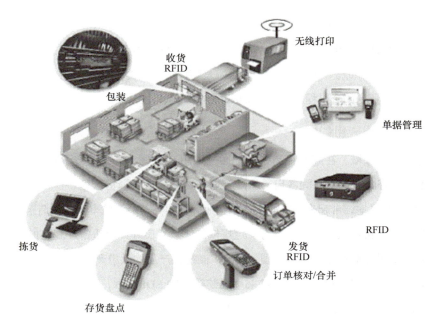

图 2-8 RFID 在物流中的应用

2.1.3 EDI技术

1. EDI 的含义

电子数据交换（Electronic Data Interchange，EDI）是一种利用计算机进行商务处理的方式。在基于互联网的电子商务普及应用之前，EDI 曾是一种主要的电子商务模式。

EDI 是一种在公司之间传输订单、发票等商业文件的电子化手段。它通过计算机通信网络将贸易、运输、保险、银行和海关等行业信息，用一种国际公认的标准程式，实现各有部门或公司与企业之间的数据交换与处理，并完成以贸易为中心的全部过程。

人们将 EDI 称为"无纸贸易"（Paperless Trade），将电子资金转账（Electronic Funds Transfer）系统称为"无纸付款"（Paperless Payment）。

2. EDI 的组成

EDI 包含了三个方面的内容，即计算机应用、通信网络和数据标准化。其中计算机应用包括计算机硬件和软件是 EDI 的条件，通信网络是 EDI 应用的基础，数据标准化是 EDI 的特征。数据标准化是整个 EDI 最关键的部分。这三方面相互衔接、相互依存，构成了 EDI 的基础框架。

一个生产企业的 EDI 系统，就是要把上述买卖双方在贸易处理过程中的所有纸面单证由 EDI 通信网来传送，并由计算机自动完成全部（或大部分）处理过程，具体为：企业收到一个 EDI 订单，系统自动处理该订单，检查订单是否符合要求；然后通知企业内部管理系统安排生产；向零配件供应商订购配件；向交通运输部门预订货运集装箱；向海关、商检等有关部门申请进出口许可证；通知银行并给订货方开出 EDI 发票；向保险公司申请保险单等。这样使整个商贸易活动过程中在最短时间内准确地完成。一个真正的 EDI 系统是将订单、发货、报关、商检和银行结算合成一体，从而大大加速贸易的全过程。因此，EDI 对企业文化、业务流程和组织机构的影响是巨大的。

3. EDI 技术的应用领域

（1）商业贸易领域。在商业贸易领域，通过采用 EDI 技术，可以将不同制造商、供应商、批发商和零售商等商业贸易之间各自的生产管理、物料需求、销售管理、仓库管理、商业销货点（POS）系统有机地结合起来，从而使这些企业大幅提高其经营效率，并创造出更高的利润。

商贸 EDI 技术特别适用于那些具有一定规模的、具有良好计算机管理基础的制造商、采用商业 POS 系统的批发商和零售商、为国际著名厂商提供产品的供应商。

（2）运输领域。在运输行业，通过采用集装箱运输 EDI 技术，可以将船运、空运、陆运、外轮代理公司、港口码头、仓库、保险公司等企业之间各自的应用系统联系在一起，从而解决传统单证传输过程中的处理时间长、效率低下等问题，可以有效提高货物运输能力，实现物流控制电子化，从而实现国际集装箱多式联运，进一步促进港口集装箱运输事业的发展。

（3）通关自动化。在外贸领域，通过采用 EDI 技术，可以将海关、商检、卫检等口岸监管部门与外贸公司、来料加工企业、报关公司等相关部门和企业紧密地联系起来，从而可以避免企业多次往返多个外贸管理部门进行申报、审批等，大大简化进出口贸易程序，提高货物通关的速度，最终达到改善经营投资环境、加强企业在国际贸易中竞争力的目的。

（4）其他领域。税务、银行、保险等贸易链路等多个环节之中，EDI 技术同样也有着广泛的应用前景。通过 EDI 和电子商务系统（Electronic Commerce System，ECS），可以实现电子报税、EFT 等多种应用。EDI 技术应用如图 2-9 所示。

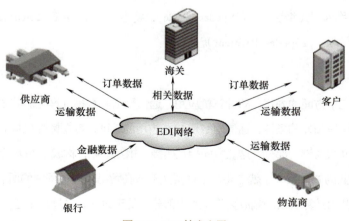

图 2-9　EDI 技术应用

2.1.4　GPS技术

1. GPS 的含义

全球定位系统（Global Positon System，GPS）是 20 世纪 70 年代由美国陆、海、空三军联合研制的新一代空间卫星导航定位系统。其主要目的是为陆、海、空三大领域提供实时、全天候和全球性的导航服务，并收集情报、监测核爆，保障应急通信等。GPS 是美国独霸全球战略的重要组成。近年来 GPS 全面开放，成为一种全球共用设施，同时产生巨大的社会效益与经济效益，是近年来最具有开创意义的实用高新技术。目前手机、PDA○、PPC○等通信移动设备都可以安装 GPS 模块，GPS 的便携性使人们在日常生活中对 GPS 的应用更加得心应手，电子地图、城市导航让人们身在他乡却不会感到陌生，城市的建筑和街道都在掌握中。儿童及特殊人群的防走失系统则是 GPS 更加重要的功能体现。

GPS 包含以下三个组成部分：

（1）空间部分。GPS 的空间部分由一系列卫星组成，在全球任何地方、任何时间都可观测到四颗以上的卫星，并能在卫星中预存导航信息。

（2）地面控制部分。地面控制部分由监测站、主控制站、地面天线组成。地面控制部分负责收集由卫星传回的信息，并计算卫星星历、相对距离、大气校正等数据。

（3）用户设备部分。用户设备部分即 GPS 信号接收机。其主要功能是捕获按一定卫星截止高度角所选择的待测卫星，并跟踪这些卫星的运行。

2. GPS 物流功能

（1）实时监控功能。GPS 可以在任意时刻通过发出指令查询运输工具所在的地理位置（经度、纬度、速度等信息），并在电子地图上直观地显示。

（2）双向通信功能。网络 GPS 的用户可使用移动话音功能与驾驶人进行通话，或通过安装在运输工具上的移动设备的汉字液晶显示终端与驾驶人文字沟通；驾驶人通过按下相应的服务、动作键，将信息反馈到网络 GPS；质量监督员可在网络 GPS 工作站的显示屏上确认其工作的正确性，了解并控制整个运输作业的准确性（发车时间、到货时间、卸货时间、返回时间等）。

（3）动态调度功能。调度人员能在任意时刻通过调度中心发出文字调度指令，并得到确认信息，可进行以下管理：

○　PDA为Personal Digital Assistant的简写，直译为个人数字助手，又称掌上电脑。
○　PPC为Pocket PC的简写，也是一种PDA。

1)运输工具待命计划管理。操作人员通过在途信息的反馈,在运输工具未返回车队即做好待命计划;调度人员可提前下达运输任务,减少等待时间,加快运输工具周转速度。

2)运能管理。GPS将运输工具的运能信息、维修记录信息、车辆运行状况、驾驶人信息、运输工具的在途信息等多种信息提供给调度部门,以提高实载率,尽量减少空车时间和空车距离,充分利用运输工具的运能。

(4)数据存储、分析功能

1)实现路线规划及路线优化,事先规划车辆的运行路线、运行区域,并进行可靠性分析。

2)汇总运输工具的运行状态,了解运输工具是否需要较大的修理,预先制订好修理计划,计算运输工具平均无差错时间,动态衡量该型号车辆的性能价格比。还可以进行服务质量跟踪。在调度中心设立服务器,让有权限的用户能异地获取车辆的有关信息。同时还可以将客户所取得位置信息用对应的地图传送过去,并将运输工具的历史轨迹印在上面,使该信息更加形象化。

3)依据资料库储存的信息,可随时调阅每台运输工具以前的工作资料,并可根据各管理部门的不同要求制作各种不同形式的报表,使各管理部门能更快速、更准确地做出判断及提出新的指示。

GPS在物流中的应用如图2-10所示。

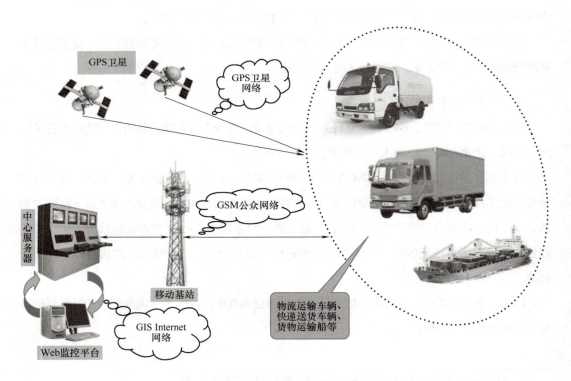

图2-10　GPS在物流中的应用

2.1.5 GIS技术

1. GIS 的含义

地理信息系统（Geographic Information System，GIS）是在计算机软硬件支持下，运用系统工程和信息科学方法，对地表空间数据进行采集、存储、显示、查询、操作、分析和建模，以提供对资源、环境和区域等方面规划、管理、决策和研究的人机系统。GIS 主要提供空间信息查询和分析、可视化、制图和辅助决策等功能。

2. GIS 物流功能

GIS 在物流行业的主要应用包括物流中心选址、最佳配送路线、车辆跟踪和导航、配送区域划分。

（1）物流中心选址。物流中心选址是物流系统中具有战略意义的投资决策问题，对整个系统的物流合理化和商品流通的社会效益起着决定性的作用。但由于商品资源分布、需求状况、运输条件和自然条件等因素的影响，即使在同一区域内的不同地方建立物流中心，整个物流系统和全社会经济效益也是不同的。

利用 GIS 的空间查询功能，以及叠加分析、缓冲区分析、网络分析等功能可以方便地确定哪些地理位置适合筹建物流中心，哪些位置的物流成本会比较低，哪些位置的运营成本比较低，在考虑了种种因素之后就可以确定出最佳的物流中心位置。利用 GIS 的可视化功能可以显示出包含区域地理要素的背景下的整个物流网络（如现存物流节点、道路、客户等要素），一般规划者能够直观方便地确定位置或线路，从而形成选址方案和备选方案。

（2）最佳配送路线。可以设置车辆型号以及载货量限制、车速限制、订单时间限制、融合多旅行商分析与导航规划，精选出最优配送路线；还可以跟进用户需求将目的地一次性批量导入 GIS 当中，根据订单地址精确生成地图点位，进而生成最佳配送路径，提高配送效率，节约配送成本。

（3）车辆跟踪和导航。GIS 能接收 GPS 传来的数据，并将它们显示在电子地图上，帮助企业动态地进行物流管理。首先，可以实时监控运输车辆，实现对车辆的定位、跟踪与优化调度，以达到配送成本最低，并在规定时间内将货物送到目的地，很大程度地避免了迟送或者错送的现象。其次，根据电子商务网站的订单信息、供货点信息和调度等信息，货主可以对货物随时进行全过程的跟踪与定位管理，掌握运输中货物的动态信息，可以增强供应链的透明度和控制能力，提高客户满意度。

（4）配送区域划分。企业可以参照地理区域，根据各个要素的相似点把同一层上的所有或部分要素分为几个组，用以解决确定服务和销售市场范围等问题。例如，某一公司要设立若干个分销点，则要求这些分销点覆盖某一地区，而且要使每个分销点的顾客数目大致相等。GIS 在物流中的应用如图 2-11 所示。

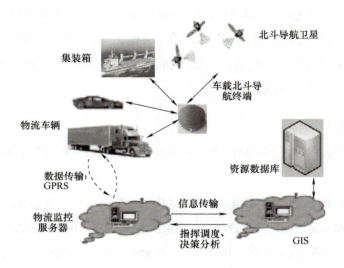

图 2-11　GIS 在物流中的应用

2.1.6　大数据技术

1. 大数据技术的概念

大数据技术是指大数据的应用技术，涵盖各类大数据平台、大数据指数体系等大数据应用技术。

大数据处理的最有价值的地方在于预测性分析，即可以通过数据可视化、统计模式识别、数据描述等数据挖掘形式帮助数据科学家更好地理解数据，根据数据挖掘的结果得出预测性决策。而大数据处理的工作环节就是大数据采集、大数据预处理、大数据存储及管理、大数据分析及挖掘、大数据展现和应用。

在这个信息爆炸的时代，物流企业每天都会涌现出海量的数据，特别是全程物流，包括运输、仓储、搬运、配送、包装和再加工等环节，每个环节中的信息流量都十分巨大，使物流企业很难对这些数据进行及时、准确的处理。随着大数据时代的到来，大数据技术能够通过构建数据中心，挖掘出隐藏在数据背后的信息价值，从而为企业提供有益的帮助，为企业带来利润。

2. 物流企业应用大数据的优势

面对海量数据，物流企业在不断加大大数据方面投入的同时，不该仅仅把大数据看作一种数据挖掘、数据分析的信息技术，而应该把大数据看作一项战略资源，充分发挥大数据给物流企业带来的发展优势，在战略规划、商业模式和人力资本等方面做出全方位的部署。

（1）信息对接，掌握企业运作信息。在信息化时代，网购呈现出一种不断增长的趋势，规模已经达到了空前巨大的地步，这给网购之后的物流带来了沉重的负担，对每一个节点的信息需求也越来越多。每一个环节产生的数据都是海量的，过去传统的数据收集、分析处理方式已经不能满足物流企业对每一个节点的信息需求，这就需要通过大数据把信息对接起来，将每个节点的数据收集并且整合，通过数据中心分析、处理转化为有价值的信息，从而掌握物流企业的整体运作情况。

（2）提供依据，帮助物流企业做出正确的决策。传统的根据市场调研和个人经验来进行决策已经不能适应这个数据化的时代，只有真实的、海量的数据才能真正反映市场的需求变化。通过对市场数据的收集、分析处理，物流企业可以了解到具体的业务运作情况，能够清楚地判断出哪些业务带来的利润率高、增长速度较快等，把主要精力放在真正能够给企业带来高额利润的业务上，避免无端浪费。同时，通过对数据的实时掌控，物流企业还可以随时对业务进行调整，确保每个业务都可以带来盈利，从而实现高效的运营。

（3）培养客户黏性，避免客户流失。网购人群的急剧膨胀，使得客户越来越重视物流服务的体验，希望物流企业能够提供最好的服务，甚至掌控物流业务运作过程中商品配送的所有信息。这就需要物流企业以数据中心为支撑，通过对数据挖掘和分析，合理地运用这些分析成果，进一步巩固和客户之间的关系，增加客户对自己的信赖，培养客户的黏性，避免客户流失。

（4）数据"加工"从而实现数据"增值"。在物流企业运营的每个环节中，只有一小部分结构化数据是可以直接分析利用的，绝大部分非结构化数据必须要转化为结构化数据才能储存分析。这就造成了并不是所有数据都是准确、有效的，很大一部分数据都是延迟、无效的，甚至是错误的。物流企业的数据中心必须要对这些数据进行"加工"，从而筛选出有价值的信息，实现数据的"增值"。

3. 大数据在物流企业中的具体应用

物流企业正一步一步地进入数据化发展的阶段，物流企业间的竞争逐渐演变成数据间的竞争。大数据能够让物流企业有的放矢，甚至可以做到为每一个客户量身定制符合其自身需求的服务，从而颠覆整个物流业的运作模式。目前，大数据在物流企业中的应用主要包括以下几个方面：

（1）市场预测。商品进入市场后，并不会一直保持最高的销量，是随着时间的推移，它是随消费者行为和需求的变化而不断变化的。过去，我们总是习惯于通过采用调查问卷和以往经验来寻找客户的来源。而当调查结果总结出来时，结果往往已经是过时的了，延迟、错误的调查结果只会让管理者对市场需求做出错误的估计。而大数据能够帮助企业完全勾勒出其客户的行为和需求信息，通过真实而有效的数据反映市场的需求变化，从而对产品进入市场后的各个阶段做出预测，进而合理地控制物流企业库存和安排运输方案。

（2）物流中心的选址。在物流中心选址过程中，企业需要综合考虑经营环境、基础设施状况、自然环境、其他因素等。企业要实现成本最小化这个目标，传统的方法如重心法大多不切实际而无法采用。这就需要利用大数据分析方法使企业根据不同的需求选择合适的算法，从而获得最高利益。

（3）优化配送线路。配送线路的优化是一个典型的非线性规划问题，它一直影响着物流企业的配送效率和配送成本。物流企业运用大数据来分析商品的特性和规格、客户的不同需求（时间和金钱）等问题，从而用最快的速度对这些影响配送计划的因素做出反应（比如选择哪种运输方案、哪种运输线路等），制定最合理的配送线路。而且企业还可以通过配送过程中实时产生的数据，快速地分析出配送路线的交通状况，对事故多发路段做出提前预警。精确分析配送整个过程的信息，使物流的配送管理智能化，提高了物流企业的信息化水平和可预见性。

（4）仓库储位优化。合理地安排商品储存位置对于仓库利用率和搬运分拣的效率有着极为重要的意义。对于商品数量多、出货频率快的物流中心，储位优化就意味着工作效率和效益。哪些货物放在一起可以提高分拣率，哪些货物储存的时间较短，都可以通过大数据的关联模式法来分析。

大数据技术在物流中的应用如图 2-12 所示。

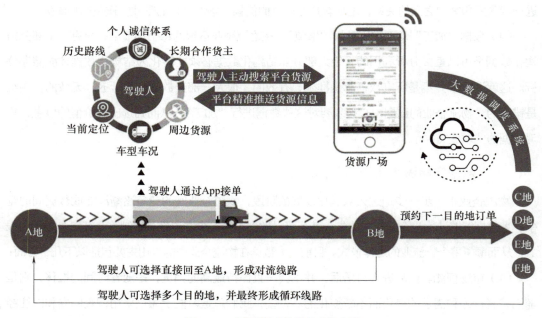

图 2-12　大数据技术在物流中的应用

2.1.7 区块链技术

1. 区块链技术的概念

所谓区块链技术（Blockchain Technology，BT），也被称为分布式账本技术。区块链技术是一种在对等网络环境下，通过透明和可信规则，构建不可伪造、不可篡改和可追溯的块链式数据结构，实现事务处理的模式创新，有效建立其参与主体间的信任关系，实现点对点的价值转移。区块链技术本质是一种数据库技术。每个区块就像一个硬盘，把信息全部保存下来，再通过密码学技术进行加密。这些被保存的信息就无法被篡改。

2. 区块链技术的影响

（1）优化货物运输，简化流程。区块链的分布式账本技术可以聚合多方数据，协调多个物流供应商运输间的物流，并改善传统的、通过人工的方式去调度运载工具的问题，以此来优化货物运输的路线，提高现有物流流程的整体效率。

2018 年 8 月，UPS 申请区块链专利，探索分布式账本技术，UPS 希望实现一旦包裹被扫描到包裹设施中，系统将会根据全网内的运输服务提供商的服务产品自动选择最优路线，当包裹前往目的地的过程中，有关货物的信息会被记录在区块链分类账中，系统就能判断、评估不同运输服务提供商是否履行了各自服务产品的义务。

（2）商品溯源。在医药、食品安全和赝品问题频发的当下，相关利益者想要追溯产品源头的需求大大增加。

区块链技术因具备数据不可篡改的特性，可以提高货物信息的安全性和可追溯性，从而提高中间环节的透明度。从公司的角度来说，可以使用这些信息为运输中的产品提供合法性证明和真伪证明。对消费者来说，他们可以找到更多关于自己购买的产品的信息，例如产品是不是原装的，是不是在正确的生产条件下生产、加工和运输的。

2017 年阿里巴巴打造了可追溯的跨境食品供应链，消费者可追踪产品从生产、海外质检、物流等所有环节的可信任信息。2018 年 2 月，天猫国际与菜鸟共同宣布，启用区块链技术跟踪、上传、查证跨境进口商品的物流全链路信息。该项计划主要是为了解决跨境进口商品物流信息造假的问题。这也被认为是国内第一家跨境电子商务平台使用区块链技术溯源海淘商品信息。2018 年 9 月，京东全球购推进产品溯源系列活动。京东全球购与日本花王集团联合打造跨境溯源之旅，实现从原产地到消费者的物流信息追溯，利用区块链技术，购买后可查询商品的相关物流信息。京东不仅在线上渠道做商品追溯，而且也打通线下的便利店来实现商品的可追溯。

（3）融资。2018年9月，首单区块链融资业务落地深圳，试运行现场，比亚迪的一个供应商向湾区贸易金融区块链平台的一家银行提出贷款申请，原本线下需要十几天才能完成的融资，仅20min就完成了。

一般物流企业去融资，即使资质足够，传统模式下也需要银行线下审查，更多靠人、货、仓单，信息的真实性及时性和准确性很难保障，企业最终获取的融资成本也会比较高。而在平台上，企业获取融资的难度和价格均有下降。例如，传统模式下中小微企业融资成本可能在年化7%~8%，借助平台区块链技术，融资成本可能降至6%，甚至5.5%。

（4）电子单据。物流行业长期存在"90%纸质单，互联网化低，信用痛点高"等问题。物流行业每年有300亿张单据，每一张单据综合成本能达到2~5元，从一个单据的发行到最后这个单据回到开单人手中，基本需要一个月时间。单据在传递过程中，因为物流的链条非常长，所以会存在被篡改、丢失等问题，为避免这些情况，物流行业花费了大量的人力去对单。传统信息化可以帮助单据线上化，但是无法保障数据的安全和保密。

基于区块链做的单据可以很好地解决这个问题。区块链可以通过把单据所必需的细节，如装运描述、数量和目的地，以及必须如何处理和计费的信息存储在不可篡改的链上单据上，且允许每个利益相关方查询货物的进度及位置，并配合使用公私钥的方式来提取货物，来代替大量纸质单据的交互，同时在一定程度上统一多方利益者的沟通方式。

（5）航运物流。航运业每年运输逾4万亿美元的商品，其全球贸易系统流程复杂、沟通冗余，文件经常发生错误，效率非常低。据估计，每年处理、管理航运商品所需的贸易文书的工作的最高成本占到了实际实物运输成本的1/5；一个集装箱在港口花费的时间常常比其跨越大洋的时间还长。

2018年8月9日，IBM和全球航运巨头马士基宣布已有94家公司和机构加入了其共同开发的一个区块链平台，1.54亿次航运事件已经被捕获。该平台名为TradeLens，目的是通过将端至端的供应链流程电子化，来帮助管理和追踪航运文件记录。该平台可以为客户提供端至端的解决方案，而不只是将集装箱从一个港口运到另一个港口；加快交易速度，并可节省数以十亿美元计的资金。据统计，该平台能使运输时间平均下降40%；使每个参与者更容易获得提单、卫生证书、发票和其他必要文件，将文书处理麻烦减少了90%。区块链技术在物流中的应用如图2-13所示。

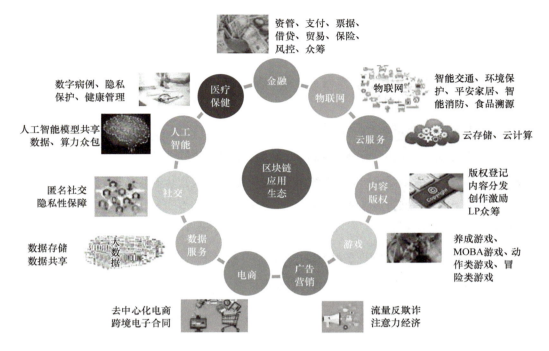

图 2-13 区块链技术在物流中的应用

案例拓展

全国首次利用区块链技术实现了跨境电商商品的全程溯源

2020年6月3日,在青岛海关下属黄岛海关监管下,1300单韩国进口面膜从中国(山东)自由贸易试验区青岛片区的青岛西海岸综合保税区顺利通关,标志着全国首次利用区块链技术实现了跨境电商商品的全程溯源。

跨境电商商品的质量是购买者最为关注的问题。实现全程溯源,是保证跨境电商商品质量的有效手段。中国(山东)自由贸易试验区青岛片区大力发展数字经济,提升国际贸易数字供应链平台的核心竞争力。该平台整合了跨境电商产业链上、下游的六大系统,涵盖国际服务站、海外云仓、卖家商城等各个企业节点,每个节点数据都由自身密钥加密后再入链,其他节点主体经授权后可以读取相应数据,但不能修改,确保信息相互验证、传递和管理。

以该批跨境电商商品为例,国内消费者下单、品牌供货商发货出库、打包集拼、报关出口、国际运输、入境通关、快递派件等十几个环节信息,全部纳入区块链中进行管理,保证信息相互留存、相互印证、不可篡改,从而实现信息流、物流、资金流、关务流的全链条闭环互通互认和数字化运行。

2.2 跨境电商物流信息系统

2.2.1 跨境电商物流信息系统管理

1. 跨境电商物流信息系统管理的概念

跨境电商物流系统是由国际商品的运输、仓储、包装、装卸搬运、外贸加工、出入境检验检疫、通关、信息以及国际配送等子系统组成的整体。运输和仓储子系统是物流系统的主要组成部分。跨境电商物流通过商品的储存和运输，实现其自身的空间和时间效益，满足国际贸易活动和跨国公司经营的要求。

跨境电商物流信息系统管理是对跨境电商物流系统的信息进行采集、处理、分析、应用、存储和传播的过程，在这个过程中，通过设计物流信息活动的各种要素（人工、技术、工具等）进行管理。

2. 跨境电商物流信息系统的组成

（1）管理信息子系统：提供与具体业务无关的、系统所需的功能。

（2）采购信息子系统：提供原材料采购信息的功能。

（3）仓储管理信息系统：管理储存业务的收发、分拣、摆放、补货、配送等，同时，还可以进行库存分析与财务系统集成。

（4）库存信息子系统：提供库存管理信息的功能。

（5）生产信息子系统：提供生产产品信息的功能。

（6）销售信息子系统：提供产品销售信息的功能。

（7）商检报关子系统：国际商品或货物与主管机构相连的商检报关作业系统。

（8）国际运输信息子系统：提供国际商品或货物运输信息的功能。

（9）财务信息子系统：提供财务管理信息的功能。

（10）决策支持子系统：使跨境电商物流信息系统达到一个更高的层次。

3. 跨境电商物流信息系统管理的作用

（1）改善物流企业内部流程和信息沟通方式，满足跨境电商客户以及业务部门对信息处理和共享的需求，使物流企业信息更有效地发挥作用。

（2）提高办公自动化水平，提高工作效率，降低管理成本，实现成本优先的竞争优势。

（3）通过跨境电商物流信息系统对货物的跟踪和监控，物流企业的各层管理者可以及时地掌握货物运输的情况，增加对业务的控制，为决策提供数据支持。

（4）为客户提供实时的货物跟踪，提供个性化服务，提高服务水平。

（5）为按照现代化管理思想和理念的要求运作企业提供可靠的信息处理支撑环境。

2.2.2　跨境电商物流信息系统应用——企业资源计划系统

1. 企业资源计划系统——ERP

ERP 是企业资源计划/企业资源规划（Enterprise Resource Planning）的简称。ERP 是 20 世纪 90 年代由美国 Gartner Group 咨询公司（高德纳咨询公司，全球权威的 IT 研究与顾问咨询公司）根据当时的计算机信息、IT 技术发展及企业对供应链管理的需求，预测在此后信息时代企业管理信息系统的发展趋势和即将发生的变革而首先提出的概念。ERP 是先进的企业管理模式，是物资资源管理、人力资源管理、财务资源管理、信息资源管理集成一体化的企业管理软件。它在体现当今世界最先进的企业管理理论的同时，也提供了企业信息化集成的最佳解决方案。它把企业的物流、资金流、信息流等统一起来进行管理，以求最大限度地利用企业现有资源，实现企业经济效益的最大化。

知识拓展

用友 ERP

用友 ERP 是一个企业综合运营平台，用以满足各级管理者对信息化的不同要求：为高层经营管理者提供大量收益与风险的决策信息，辅助企业制定长远发展战略；为中层管理人员提供企业各个运作层面的运作状况，帮助做到各种事件的监控、发现、分析、解决、反馈等处理流程，帮助做到投入产出最优配比；为基层管理人员提供便利的作业环境、易用的操作方式，实现工作职能的有效履行。

2. ERP 在物流行业应用的必要性

传统物流企业管理考虑的是销售、采购、生产、仓存、研发等职能管理，没有考虑如何让员工满意，如何让客户满意。这种短缺经济时代的管理模式不适合以"过剩"为特征之一的知识经济时代。中国逐步融入全球经济体系中，中国的市场将更加规范。市场经济的基础是资源有限，企业与企业的竞争就成为资源间的竞争。企业在竞争时不允许出错，否则就面临失败。因此，当前的企业管理重点在于资源管理，管理的方法也以流程制代替科层制。流程制的实施做到了使员工满意、客户满意。流程制需要信息技术的支持，在流程制下，企业的高层管理人员与中低层员工可以很好地沟通和交流，客户和员工的信息的交换也不再有许

跨境电商物流

多中间障碍。

我国物流企业已经步入了只有依靠管理才能提升企业竞争力的时代，而互联网的普及使企业管理进入了一个全新的阶段，因此，实施 ERP 的重要性是非常明显的。

鉴于 ERP 在企业管理中的核心性作用以及物流管理在成本控制的巨大空间，可在 ERP 系统中建立起完善的企业物流管理系统，利用信息论、系统论等理论中的先进管理技术对企业整体的物流过程进行科学化管理，以提高企业物流管理的水平并节约物流成本。ERP 中的物流管理模块包括采购管理、库存管理、生产管理、销售管理四个子模块。

3. ERP 实例

金蝶国际软件集团有限公司（金蝶国际或金蝶）始创于 1993 年，是香港联交所主板上市公司，总部位于深圳。

金蝶 ERP 是一套财务管理软件，是一个企业资源计划的统称，是管理信息化、系统化、智能化的象征。金蝶 ERP 面向不同的服务群体有不同类别的软件，主要有企业管理软件、协同管理软件、政府非营利组织管理软件。金蝶 K/3 标准版 ERP 系统界面如图 2-14 所示。

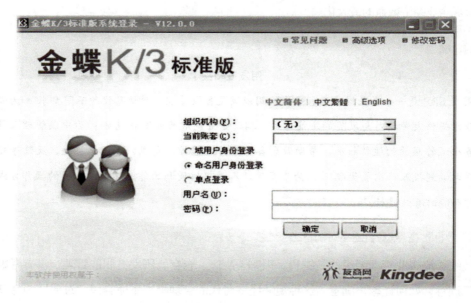

图 2-14　金蝶 K/3 标准版 ERP 系统界面

金蝶 K/3 标准版 ERP 系统集供应链管理、财务管理、人力资源管理、生产管理、移动商务等业务管理组件为一体，以成本管理为目标，计划与流程控制为主线，通过对成本目标及责任进行考核激励，推动管理者应用 ERP 等先进的管理模式和工具，建立企业人，如图 2-15 所示。

图 2-15　金蝶 K/3 标准版 ERP 系统功能

供应链管理系统面向企业采购、销售、库存和质量管理人员，提供采购管理、销售管理、仓库管理、质量管理、存货核算、进口管理、出口管理等管理功能，帮助企业全面管理供应链业务。

生产管理系统面向企业计划、生产管理人员，对企业的物料清单、生产计划、能力计划和车间业务等业务进行全面的管理，帮助企业实现物料清单的建立与变更、多方案的生产计划、精细的车间工序管理等生产制造相关业务管理。

案例拓展

交通运输部：将推动国际物流供应链信息系统建设

在 2020 年 4 月 18 日国务院联防联控机制召开的新闻发布会上，交通运输部安全总监、水运局局长李天碧指出，为保障国际物流供应链的稳定，交通运输部将加强与重点部门和重点企业的需求对接和运输保障，推动国际物流供应链信息系统的建设。

受境内外新冠病毒肺炎疫情影响，我国国际货运出现了国际邮件积压，部分重要生产物资、医疗物资及消费品国际运输困难的问题。

为解决存在的问题，交通运输部会同外交部、工信部、商务部等 12 个部门成立了国际物流工作专班，研究制定出台提高国际货运能力的政策措施，推动解决国际货运机组人员的检验隔离问题，全面做好抗疫物资外援的运输保障工作，着力解决国际邮件的积压问题。

跨境电商物流

此外，还采取切实措施全面提升国际货运能力。一是增加国际航空货运能力，鼓励航空公司用客运飞机直飞货运运输；二是提高中欧班列运输保障能力，主要是增加班次密度；三是开辟国际快船运输，通过减少挂港、提高航速，缩短运输时间，为解决邮政快件的积压问题开辟了新的渠道；四是加强运力调配，通过口岸接驳运输等方式，保障国际道路运输的正常进行。

本章小结

本章主要介绍了条码技术、RFID 技术、EDI 技术、GPS 技术、GIS 技术、大数据技术、区块链技术相关概念，以及这些技术在跨境电商物流中的应用，另外还介绍了跨境电商物流信息系统管理的作用。通过本章的学习，读者可掌握条码技术、RFID 技术、EDI 技术、GPS 技术、GIS 技术、大数据技术、区块链技术的相关概念，理解跨境电商物流信息系统管理的作用，熟悉 ERP 系统。

课后思考题

一、简答题

1. 分析条码在跨境电商物流中的作用。
2. 分析 RFID 技术的优点。
3. 简述什么是 EDI。
4. 分析大数据技术在物流企业中的具体应用。
5. 什么是区块链？简述商品溯源的重要意义。

二、案例分析

2018 年 11 月，亦邦国际货运代理（深圳）有限公司（现为亦邦（深圳）国际物流有限公司，以下简称亦邦）与深圳市敏思达信息技术有限公司（以下简称敏思达）正式签订战略合作协议，共同打造中东跨境电商物流天网信息系统。

中东跨境电商物流天网信息系统旨在打通中国—中东跨境联运中国内集运、国际物流运输、报关清关、检验检疫、海外仓储服务、海外落地配等复杂的物流环节，一站式解决跨境电商小包复杂的物流过程，物流信息全程可追踪，进而实现高效、精细的物流运营管理，提高作业效率，减少出错率，增强企业整体竞争能力。

亦邦是一家多元化的国际物流公司，公司总部设在深圳，在阿联酋、沙特阿拉伯、巴林、阿曼、科威特、肯尼亚以及国内广州市、上海市、宁波市、义乌市、天津市、厦门市、青岛市等十几个国内外国家、城市及港口有分支机构。

亦邦经过在中东十多年的积累，在传统物流上已独占鳌头。基于亦邦在传统物流时代积累的行业资源、服务优势，结合移动互联网时代消费升级的大背景，亦邦正全力发展电商物流，致力于打造中国至中东、非洲、南美等新兴市场的跨境综合物流（包括 2B 端的传统物流和 2C 端的电商物流）品牌。亦邦与多家大型跨境电商公司达成战略合作，已在阿联酋、沙特阿拉伯自建电商海外仓。

凭借丰富的物流资源、雄厚的专业人才及客户至上的个性化服务，亦邦受到了广大客户的广泛认可与好评，且在未来的发展中，致力于为更多的国内外企业提供全面、优质且专业化的服务。基于此，亦邦也在跨境物流信息化领域提出了更高要求。

敏思达作为国内领先的物流软件提供商，一直以来深耕跨境电商市场，针对跨境物流特点推出了 C3 跨境物流管理系统，以贴合企业的需求、完善的功能和稳定的性能深得用户的喜爱和推荐。

敏思达 C3 系统集成了会员平台、支付平台、客服平台、订单平台、云仓管理、清关平台等功能于一体，全面兼容跨境 B2B2C、B2B2B 等转运、直邮、保税、专线、海外仓模式，最有效地解决了跨境业务操作不规范、信息披露不及时、通关能力不快速等多种问题，进一步降低了企业运营的管理成本，大大提高了各业务流程的操作时效，增强了买家的使用体验及黏性！

问题：

1. 打造中东跨境电商物流天网信息系统的意义是什么？
2. 分析国际物流系统未来发展趋势。

第 3 章
跨境电商采购

跨境电商采购是全球物流供应链的关键环节。企业恰当地对采购进行控制和指导，能够提高供应量对市场需求的顺应速度，对整个供应链及每个环节都具有重要的意义。

本章学习目标

1. 理解跨境电商采购的概念及流程
2. 掌握跨境电商采购的多种模式
3. 能够根据条件编制主生产计划报表
4. 知道跨境供应商分类
5. 了解采购决策的特点和科学采购决策的作用

引导案例

笨土豆：一站式跨境电商采购平台

笨土豆是B2B跨境电商领域里一家知名的供应链公司，笨土豆严格把控境外货源，在德国、加拿大、韩国、日本等地接连开设分公司，所有线上销售的商品均来自当地厂家，与多个国际大品牌都达成了战略合作，从源头上保证了原产地正品。

笨土豆自建海外物流——美国西翼物流，已与美国邮政、美国快递公司、FedEx、DHL、EMS、顺丰、圆通等国际物流企业达成了深度合作，根据不同商品的特点选择不同的清关渠道，不但缩减了物流时间，物流信息也是全程可查询的。

笨土豆在美国洛杉矶东北部拥有自营物流中心，总占地达12 000m²。库房拥有详细区域划分，并且安装了独立的专业安保系统及监控系统，可供客户24h查询所订货物在仓库的存储状况，科学管理货品。

笨土豆建立的供应链体系，能够从货源、海外仓、出口报关、国际运输、进口报关、国内派送等方面解决物流痛点，有效降低了物流成本，缩减了时间周期，最终升级了客户体验。在全面升级自身供应链服务的同时，笨土豆还建立了分销平台，通过自有供应链体系为分销商提供当地直采、一件代发等服务。这样除了能够及时发货、保证正品之外，也确保了分销商自身不存在任何的资金风险。

阅读以上案例，思考：

1. 跨境电商采购呈现出怎样的特点？
2. 跨境电商采购与传统采购有何不同？

案例来源：笨土豆网站

3.1 跨境电商采购概念与流程

3.1.1 跨境电商采购的概念

1. 采购与跨境电商采购

狭义的采购就是企业的采购人员根据企业的采购计划，到资源市场去选择供应商，经过谈判，签订合同，最后收货付款的全过程。

广义的采购是指企业获取资源的全部可能的方式，包括购买、租赁、交换、征收、自制、外包、移转、赠与。

跨境电商采购是指跨境电商环境下，借助一定的手段从资源市场获取资源的整个过程，通常是企业购买货物与服务的行为，这是企业经济活动一个重要的经济行为。

2. 跨境电商采购方式

当前跨境电商采购方式主要有集中型采购、准时化采购、双赢型采购三种方案。

（1）集中型采购。集中型采购是指跨境电商整合各个生产经营单位所需要的零散采购计划，并且通过合并同类物资，提高境外采购的数量，并以此为筹码与境外供应商进行洽谈，达到采购成本控制的目的。

（2）准时化采购。准时化采购是指在合适的时间、地点，供给对方数量、质量合适的产品，使不必要的存货消除，并进一步使购物、存货的质量提高，确保双方获利，对交货的准时性要求较高。

（3）双赢型采购。双赢型采购强调供应商、生产商的合作关系，为实现两者的共赢寻找平衡点，实现资源和信息共享。

知识拓展

购买与采购

采购是指企业在一定的条件下从供应市场获取产品或服务作为企业资源，以保证企业生产及经营活动正常开展的一项企业经营活动。

购买是指用钱交换购买者所需的需求、物品或者非实体商品。购买是拿钱换东西，与"卖"相对。

购买具有针对普遍有价商品的特征，而采购是通过交换获取物料和服务的购买行为，为企业经营在合适的时间、地点、价格获取质量、数量合适的资源。

3.1.2 跨境电商采购的流程

跨境电商采购的流程如图 3-1 所示。

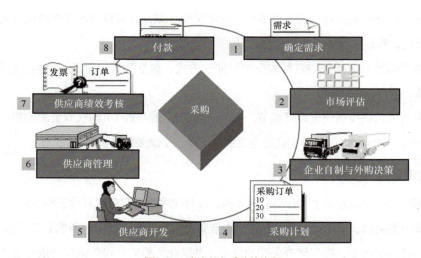

图 3-1　跨境电商采购的流程

1. 确定需求

跨境电商企业采购需求应当符合法律法规以及政府采购政策规定的技术、服务、安全等要求。除因技术复杂或者性质特殊，不能确定详细规格或者具体要求外，采购需求应当完整、明确。必要时，应当就确定采购需求征求相关供应商、专家的意见。

2. 市场评估

跨境电商企业要开发物美价廉、适销对路、具有竞争实力的商品，以赢得顾客、占领市场、获得经济效益。在商品开发方面，跨境电商企业不仅要考虑目标市场的需求和技术的可能性，还要考虑商品各构成部件供应成本和供应风险。

3. 企业自制与外购决策

跨境电商企业所需的商品既可以由企业内部供应，也可以通过外购获得。商品是否涉及企业竞争优势或对企业业务是否重要是关键的决定因素。与此同时，环境分析结果也为最终决策提供依据。如果所需商品涉及企业的竞争优势或对企业业务至关重要，而企业又有充足的能力，那么企业可以采取自治方式来实现内部供应。如果商品不涉及企业的竞争优势或对企业业务不是至关重要的，那么企业应尽量采用外购方式，以便使企业将有限的资源集中在主要的经营活动中。

4. 采购计划

跨境电商采购计划是相关人员在了解市场需求情况，以及认识企业生产经营活动和掌握物料消耗规律的基础上，对计划期内物料采购管理活动所做的预见性的安排和部署。

5. 供应商开发

开发供应商的主要目的是寻找合适的潜在供应商，并保证稳定、持续地供应。供应商开发要进行的是供应细分市场调研和选择。根据地理区域、规模、技术和销售渠道等，供应市场可以划分为若干细分市场，不同供应细分市场的风险和机会不同，一般企业会选择其中一个细分市场进行采购。

6. 供应商管理

选择好适合的供应商之后，跨境电商企业需要与供应商保持密切的联系，因为供应商的能力和积极性会不断变化。供应商管理包括供应商业务管理、供应商风险管理、供应商绩效评估、供应商关系管理等内容。其中，供应商关系管理最为重要。

7. 供应商绩效考核

没有控制就不可能进行有效的管理。采购管理同样需要进行采购绩效的考核和控制。企业通过采购绩效考核，才能对采购工作进行评价；只有通过采购绩效控制，才能发现采购工作的问题，从而改进问题。

3.2 跨境电商采购模式

目前跨境电商采购一般是先根据消费者订单信息或者历史销售信息决定采购品种及数量，

再向供应商处进货。跨境电商采购模式如图 3-2 所示。

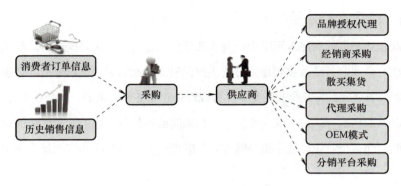

图 3-2　跨境电商采购模式

3.2.1　品牌授权代理

品牌授权代理是跨境电商企业从拥有品牌版权的公司获得授权，成为其代理商，按合同规定，以跨境电商团队代为运作线上市场。品牌授权代理是跨境电商产业链上避免假货的一个有效途径。

例如，美妆商品的渠道和货源问题一直是行业的隐忧，没有品牌的授权，即便直采直邮仍屡见以次充好的现象。获得品牌商或大型国际零售商授权的跨境电商企业，直采减少了中间的流通环节，从而获得了较低的采购价格，定价优势大，具备厂商品牌背书，既保证了货源的质量，又保证了货源的稳定性。尤其对于非标品类，如果分散采购，则难以争取上游话语权，正品保障机制也难以确立。未来规模领先的跨境电商企业更容易与境外品牌商直接对接，往往更容易拿到一手货源，因此商品资源分化也将逐渐显现。跨境供应链端已经由原来巨大的信息差开始转为信息透明，跨境电商企业和境外货源供应商直接对话的机会正在增多。

3.2.2　经销商采购

经销商采购是跨境电商企业从国外品牌经销／代理商处获取优质货源，进行线上经营。跨境电商企业直接获得品牌方的授权难度较大，因此从国外品牌经销／代理商处取得合作是切实可行的途径。国外品牌经销／代理商在保证本国货物供给充足的情况下，会分拨货物给跨境电商企业。

通常经销商渠道的采购价格相对于厂商直供的价格偏高，有时会遭遇厂商不承认货物正品资质的情况，这种采购模式难以保证货物供应，容易导致卖方市场的出现，从而在价格和货源稳定性上对采购端形成冲击，增加了采购垫资。为了甄别货源品质，很多跨境电商企业采用聚焦战略，专注于几个国家或地区，锁定可靠的渠道，也有的跨境电商企业从品牌方的境内总代分销体系采购。

知识拓展

代理商与经销商的区别

（1）代理商可以代理单一品牌或多个品牌，一般为单一品牌；经销商一定是代理众多品牌。

（2）代理商是经销商，但是经销商不一定是代理商。

（3）代理商是受制造企业授权在一定区域时间终端等进行销售。经销商类似于贸易商，自由贸易。

（4）主要从产品所有权上区分：经销商对产品有所有权；代理商一般没有所有权，只收取品牌代销佣金。

3.2.3 散买集货

散买集货是跨境电商企业没有能力和国际品牌商直接合作，拿不到代理权限和上级渠道时，只能从"最末端包抄"，从国外小批发商或零售商处买货。这种采购方式增加了成本，拉长了周期。在缺口较大或临时性采购时，企业才会采用该类采购模式，散买集货的货源组织在当地有一定的人脉、仓库及资金等资源，不限于厂家拿货渠道批发等方式。

对于箱包服饰等轻奢类商品，跨境电商企业可组建国外精英买手团队，积累进货经验，掌握国外市场运作，与经销商建立合作关系，及时以促销价锁定爆款。

3.2.4 代理采购

代理采购又称跨境进口供应链 B2B 供货。这类采购方式多由上市公司、国际物流企业和转型的跨境电商企业采用，要求采购方资金雄厚，集中体现为批量采购货物。在早期传统贸易中，代理采购方熟悉贸易规则和国外渠道或货源，或在为代购或电商平台转运供货中积累了资源。

代理采购方的特点为：①采购能力强，积累了丰富的上游资源，可以把握正品质量，完成代理谈判、采购计划、快速补单、规模集采、订单履行等工作；②代理品牌有一定的知名度，因此，成为境外二三线品牌分销商，就能降低建立品牌知名度和分销网络的成本；③物流执行效率高，打通从境外到境内终端的资料备案、报关检疫、打包代发、物流仓储、配送等所有环节，满足单品种小批量发货，降低下游库存。深圳怡亚通、信利康、郎华、富森等老牌进口供应链服务商，大多专注于传统行业，整合了一批各地的代理商，有的偏向分销代理，有的侧重供应链金融。偏向跨境电商进口的商家中有不少创业公司，例如，海豚供应链主要为中小型跨境电商企业提供进口货源，以及商品采购和代理发货服务，拥有多个海外仓及保税仓，自建欧美采购中心。又如，跨境通旗下的五洲会、笨土豆、一通百、洋萌、海欢网、通淘等供应链服务商的业务链大同小异，常见的有保税仓一件代发等。由于业态延展性大，现金流水惊人，因此 B2B 供应链服务正迎来企业持续关注。

3.2.5　OEM模式

OEM（Original Equipment Manufacturer）是指原始设备制造商，又称代工生产，是一种委托他人生产的合作方式。在传统的 OEM 模式中，品牌生产者不直接生产产品，而是利用自己掌握的核心技术负责设计和开发产品，控制销售渠道，具体的加工任务通过合同订购的方式委托同类产品的其他厂商生产，之后将所订产品低价买断，并直接贴上自己的品牌商标。承接加工任务的制造商被称为 OEM 厂商，目前很多 OEM 厂商转型升级为跨境电商企业，自主设计商品，创建自主品牌，在价格上拥有更多的主动权。OEM 模式下的采购特点主要有：

（1）小批量、多批次。由于市场多变、商品更新快、品种繁杂，因此订单大都表现为销量小、多批次。

（2）交货期时间短。由于客户多是短期计划，因此交货期通常都很短。

（3）商品质量要求差异大。即使是同一个商品，每个客户的要求是不同的，不方便进行规模化采购。

（4）库存压力大。由于商品会有更新，客户也有可能有更替，不通用的物料不方便设置库存，否则会形成呆料，给仓储部门带来压力。

3.2.6　分销平台采购

分销平台采购是中小型电商企业采用的，在分销平台下获得零库存、零成本的供应链支持，将跨境贸易的风险降到最低的采购模式。由于境外采购、入驻保税区门槛较高，规模较小的电商企业虽然想发展跨境电商，但因自身渠道、资源等限制，无法开展此项业务。分销平台采购在跨境电商的环境下，打破了时间、地域的限制，依托互联网建立销售渠道，不仅满足中小型跨境电商企业追逐红利的需求，还能扩大分销渠道、丰富商品形态、对接境外市场。

分销平台采购模式主要有以下三种形式：

（1）大卖家旗下的分销平台采购，如环球易购分销平台，将本身的货源体系开放，卖家可以进行分销合作。

（2）物流商旗下的分销平台采购，如跨境电商物流出口易 M2C 供销平台等，发挥跨境电商物流仓储的优势，共享库存资源，买家可以选择采购。

（3）软件服务商旗下的分销平台采购，如赛兔云仓，可以实现一键上传产品，省去中小卖家上架产品的烦琐步骤。

案例拓展

2020 世界跨境电商大会暨市场采购贸易高峰论坛在广州召开

为发展跨境电商新业态，推动外贸新增长，2020 年 11 月 19 日，以"跨境电商新机遇、新挑战"为主题的 2020 世界跨境电商大会、2020 年中国市场采购贸易高峰论坛暨广州市场采购贸易协会成立大会在广东省广州市举行。

广州作为国家中心城市，是国家首批跨境电商综合试验区，同时也是全国市场采购贸易方式广东省首个试点城市，是目前外贸出口新业态高度聚集的城市之一。

近年来我国跨境电商不断发展壮大，在推动中国传统外贸模式的变革、重新确立国际贸易地位上有着突出作用。此次跨境大会的举行，不仅汇集了华南地区的优质跨境资源，还为众多企业搭建了沟通交流的平台，更进一步巩固了广州跨境电商的先发优势，为促进广州跨境电商创新发展、推动我国经济的增长产生了重要影响。

广州市场采购贸易协会是全国 31 个市场采购贸易试点城市中唯一一个以市场采购贸易新业态为核心的行业协会，是广州市场采购贸易试点的一次重要尝试。协会积极拓展专业市场商户会员，力求形成内外贸协同发展、城市更新与市场采购协同发展的市场采购贸易"广州新格局"。

3.3　跨境电商采购计划

采购计划是采购作业中的重要一环，采购计划会影响后续工作的开展，采购计划做得不准确，容易造成生产中断，销售缺货，由此带来的损失是不可估量的。

3.3.1　采购计划

采购计划是根据市场需求、企业的生产能力和采购环境容量等确定采购的时间、采购的数量以及如何采购的计划。制订采购计划主要是为了指导采购部门的实际工作，保证产销活动的正常进行和企业的经营效益。

广义的采购计划是指为保证供应各项生产经营活动的物料需要量而编制的各种采购计划的总称。狭义的采购计划是指年度采购计划,即对企业计划年度内生产经营活动所需采购的各种物料的数量和时间等所做的安排和部署。其中,何时、何处取得合适数量的原材料是采购计划的重点所在。采购计划就是购入原材料的预见性的安排和部署,采购计划对于整个采购活动的成败有着非常重要的影响。

3.3.2 主生产计划

1. 主生产计划的含义

主生产计划(Master Production Schedule,MPS)是企业销售与运作规划的细化,是进行物料需求计划的基础和前提。制订主生产计划是为了得到一份稳定、均衡的生产计划。

一方面,主生产计划作为生产部门的工具,指导着生产过程的运行,分析对象是最终产品,在这里它为生产部门指出了"将要生产什么",即生产最终销售部门进行销售的产品,起着指导作用。

另一方面,主生产计划又有过渡性作用。物料需求计划、能力需求计划、车间和采购作业计划的制订都需要依据主生产计划的数据。

2. 主生产计划的编制

进行主生产计划的编制首先要确定 MPS 物料,编制主生产计划是一个比较复杂的过程,里面涉及多个计算。

(1)毛需求量。毛需求量是指在任意给定的计划周期内,项目的总需求量。如何根据预测量和订单量得出毛需求量,在各个时区的取舍方法是不同的。一般的方法为:

1)预测时区:毛需求量 = 预测量。

2)计划时区:毛需求量 =Max{ 预测量,订单量 }。

3)需求时区:毛需求量 = 订单量。

因此在进行毛需求量计算时首先要依据已知的时界,对计划展望期划分时区,第一时区、第二时区、第三时区分别为需求时区、计划时区和预测时区。然后再根据公式计算对应时段的毛需求量。

(2)计划接收量。计划接收量是指正在执行的订单量。在制订 MPS 时,往往把制订计划日期之前已经下达的、将要在本计划日期内完成或到达的数量作为计划接收量处理。在具体的操作中,把批量值直接读入计划接收量中。

(3)净需求量。净需求量是指任意给定的计划周期内,某项目实际需求数量。毛需求量是指"需要多少",而净需求量是指"还缺多少"。

$$净需求量 = 本时段毛需求量 + 安全库存量 - (前一时段末的可用库存量 + 本时段计划接收量)$$

若计算值≤0,则无净需求;若计算值>0,净需求量=计算值。

(4)计划产出量。计划产出量是指为了满足净需求,系统根据设定的批量规则计算得出的供应数量。

一般采用的批量规则是固定批量法和直接批量法。固定批量(Fixed Quantity)法中,如果净需求小于批量,则按批量计算,若净需求大于批量,则按批量的倍数计算。例如。批量为20,当净需求≤20,计划产出量一律取20;若净需求为35,大于批量,超出部分按批量增量递增,计划产出量取批量的2倍即40。直接批量(Lot for Lot)法则是完全根据实际需求量来确定计划产出量。

(5)计划投入量。计划投入量是指系统根据计划产出量、规定的提前期和成品率计算得出的计划投入数量。计划投入量的所处时段是在对应的计划产出量的基础上往前推相应的提前期。

(6)预计可用库存量。预计可用库存量是指从现有库存中,扣除了预留给其他用途的已分配量,可以用于下一时段净需求计算的那部分库存。它同现有量不是同一个概念。

$$预计可用库存量 = (前一时段末的可用库存量 + 本时段计划接收量 + 本时段计划产出量) - 本时段毛需求量$$

(7)可供销售量。可供销售量又称为可承诺量,是指主生产计划通过计算后,已满足该时区时间段的订单需求数量,并已超出下一个时间段订单需求数量之和的数量,可提供销售部门产品销售员出售给顾客的数量。可供销售量的计算方法如下:

$$可供销售量(ATP) = 某时段计划产出量(含计划接收量) - 下一次出现计划产出量之前各时段合同量之和$$

在编制主生产计划时,依据计算流程,第一步计算毛需求量,第二步读入计划接收量,第三步计算净需求量。如果净需求量为非负数,紧接着计算第四步计划产出量、第五步计划投入量、第六步预计可用库存量,再开始计算下一时段;如果净需求量是负值,则无净需求,直接转到第六步,计算预计可用库存量,再开始计算下一时段。以此类推,同样的方法计算各时段,直到把最后一个时段算完,关于主生产计划的编制就算结束。

例3-1:根据企业主生产计划方案(见图3-3),按照固定批量规则20台(见图3-4)和直接批量规则(见图3-5),制订主生产计划。

■ 例：某产品，市场需求情况见下表，若订货或生产或消耗均在每时段起点开始，计划参数如下：
前期可用库存：16台　　安全库存：5台
装配提前期：1周　　　批量规则：固定批量20台
需求时界：第3周　　　计划时界：第7周
试根据需求与预测情况编制该产品的主生产计划。

时段	1	2	3	4	5	6	7	8	9	10
预测量（台）	10	20	10	30	18	15	32	25	20	20
订单量（台）	20	25	10	25	20	10	35	20	18	20
计划接收量（台）	10									

图 3-3　主生产计划方案

类别	0	1	2	3	4	5	6	7	8	9	10
预测量（台）		10	20	10	30	18	15	32	25	20	20
订单量（台）		20	25	10	25	20	10	35	20	18	20
毛需求量（台）		20	25	10	30	20	15	35	25	20	20
计划接收量（台）		10									
可用库存（台）	16	6	−19	11	−19	1	6	−29	−14	−14	−14
预计可用库存量（台）	16	6	21	11	21	21	6	11	6	6	6
净需求量（台）			24		24	4		34	19	19	19
计划产出量（台）			40		40	20		40	20	20	20
计划投入量（台）		40		40	20		40	20	20	20	
可供销售量（台）		6	5		15	−10		5		2	
可供销量调整（台）		6	5		5			5		2	

固定批量：批量=20台，倍增

图 3-4　固定批量规则主生产计划

类别	0	1	2	3	4	5	6	7	8	9	10
预测量（台）		10	20	10	30	18	15	32	25	20	20
订单量（台）		20	25	10	25	20	10	35	20	18	20
毛需求量（台）		20	25	10	30	20	15	35	25	20	20
计划接收量（台）		10									
可用库存（台）	16	6	−19	−5	−25	−15	−10	−30	−20	−15	−15
预计可用库存量（台）	16	6	5	5	5	5	5	5	5	5	5
净需求量（台）			24	10	30	20	15	35	25	20	20
计划产出量（台）			24	10	30	20	15	35	25	20	20
计划投入量（台）		24	10	30	20	15	35	25	20	20	
可供销售量（台）		6	−1	0	5	0	5	0	5	2	0
可供销售量调整（台）		5									

直接批量：批量=净需求量

图 3-5　直接批量规则主生产计划

知识拓展

某公司产品编号10002的激光打印机的相关信息见表3-1,根据固定批量规则(30台)和直接批量规则编制主生产计划。

表3-1 激光打印机的相关信息

物料编码:10002				前期可用库存:60台				计划员编号:J031		
物料名称:激光打印机				安全库存量:10台				计划展望期:10周		
提前期:2周				需求时界:第3周				计划时界:第7周		
时段	1	2	3	4	5	6	7	8	9	10
预测量(台)	80	50	40	40	10	40	90	50	50	10
订单量(台)	40	50	40	50	10	60	90	50	70	10
计划接收量(台)	30									

3.4 跨境电商采购的管理

跨境电商采购的管理是企业战略管理的重要组成部分,其目的是保证跨境电商的供应,满足生产经营的需要。跨境电商采购管理的目标是要求采购获得货真价实的产品,包括符合要求的数量、恰当的时间、正确的地点、合理的价格、合适的供应商。

3.4.1 跨境供应商的分类与选择

1. 跨境供应商的分类

根据供应商提供的商品和服务在跨境电商采购环节的影响程度以及供应商本身在行业综合市场中竞争的高低,可以将跨境供应商分为以下四类:

(1)战略性供应商。战略性供应商是指跨境电商企业战略发展所必需的供应商。这一类供应商的商品和服务非常重要,这些商品和服务会对跨境电商企业的商品和流程运营产生重大的影响,或者会影响跨境电商企业满足消费者需求的能力。同时这类供应商具有较强的竞争力,商品和服务通常针对具体跨境电商企业的需求,具有高度的个性化和独立性。

能满足跨境电商企业需求的供应商数量相对较少,因此供应商转换成本很高,对于企业而言,适宜的方法是与供应商建立长期的战略合作伙伴关系。

(2)有影响力的供应商。有影响力的供应商对于跨境电商企业来说通常具有较大的增值作用。这类供应商的商品具有较高的增值率,或者处于某个行业的较高地位,具有较高的进入障碍。

由于此类供应商的商品通常已经建立了质量和技术标准，对于跨境电商企业而言，合理的方法主要包括根据需求形成采购规模和签订长期协议。电商企业和这类供应商建立合作关系，重点在于降低成本和保证材料的可获得性。

（3）竞争性供应商。竞争性供应商的商品具有某一方面技术的专有性和特殊性，具有难以替代性。但竞争性供应商的商品属于低价值的商品和服务，在整个采购总量中所占的比重相对较低。对于此类供应商，跨境电商企业的重点在于使采购这些商品所需的精力和交易尽量标准化和简单化，以降低与交易相关的成本等。

（4）普通供应商。普通供应商对跨境电商企业具有较低的增值率，其数量众多。普通供应商转换成本低，跨境电商企业应该把重点放在价格分析上，即根据市场需求判断并采购最有效的商品。比较实际的方法是施加压力和签订短期协议。

2. 跨境供应商选择

跨境供应商选择是指跨境电商企业对于现有的跨境供应商和准备发展的跨境供应商进行大致的选择，把不符合标准的跨境供应商排除在外的过程。从狭义上讲，跨境供应商选择是指跨境电商企业在研究所有的建议书和报价之后，选出一个或几个跨境供应商的过程。从广义上讲，跨境供应商选择包括跨境电商企业从确定需求到最终确定跨境供应商以及评价跨境供应商的循环过程。

在大多数跨境电商企业中，跨境供应商选择基本原则是"Q.C.D.S"原则，也就是质量（Quality）、成本（Cost）、交付（Delivery）与服务（Service）相结合的原则。

（1）质量原则。在跨境供应商选择的原则中，质量原则是最重要的。在质量方面，主要是看质量控制的能力、质量体系稳定的能力，跨境电商企业不仅要确认跨境供应商是否具有一套稳定、有效的质量保证体系，还要确认跨境供应商是否具有生产所需特定商品的设备和工艺能力。

（2）成本原则。跨境电商企业要运用价值工程的方法对所涉及的商品进行成本分析，并通过双赢的价格谈判节约成本。此外，跨境电商企业还要从跨境供应商的核算能力、稳定能力上看是否有降价的趋势。

（3）交付原则。选择跨境供应商时，跨境电商企业要一看跨境供应商的交付能力，二看跨境供应商在意外情况下的紧急供货能力。同时要了解跨境供应商是否拥有足够的生产能力，是否有充足的人力资源，有没有扩大产能的潜力。

（4）服务原则。跨境供应商的售前、售后服务记录也是非常重要的考虑因素。在跨境供应商选择的流程中，跨境电商企业要对特定的分类市场进行竞争分析，了解谁是市场领导者，目前市场的发展趋势如何，各大跨境供应商如何在市场中定位，从而对潜在的供应商有大概的了解，另外，跨境供应商日常生产中测量与控制的能力，以及应急状态下的恢复能力也是需要考量的。跨境电商企业主要从两个方面着手：一是跨境供应商各种系统的兼容性；二是系统的安全性。根据这两方面的实际情况，跨境电商企业就可以推测出跨境供应商各种简化和优化的能力，即企业所推行的精益生产、价格控制等的准确性。

3.4.2 跨境电商采购决策的概念与特点

1. 采购决策的概念

采购决策是指根据跨境电商企业经营目标的要求，提出各种可行方案，对方案进行评价和比较，按照满意性原则，对可行方案进行抉择并加以实施和执行的管理过程。采购决策是跨境电商企业决策中的重要组成部分。

2. 采购决策的特点

采购决策具有以下特点：

（1）预测性。预测性是指采购决策应对未来的采购工作做出预知和推测，应建立在对市场预测的基础之上。

（2）目的性。目的性是指任何采购决策的目的都是实现一定的采购目标。

（3）可行性。可行性是指选择的采购决策方案应是切实可行的，否则就会失去决策的意义。

（4）评价性。评价性是指通过对各种可行方案进行分析、评价，选择满意方案。

3.4.3 跨境电商科学采购决策的作用

跨境电商企业在经营活动中面临着大量的决策问题，这是管理者花费时间和精力最多的工作之一，科学的采购决策可以把握正确的经营方向，趋利避害，扬长避短，对于提高跨境电商企业的生存和竞争力具有积极的作用。具体的重要作用有以下几个方面：

（1）优化采购活动。为了保证跨境电商企业实现各项目标，必须推荐采购活动的优化，实现采购方式、采购渠道、采购过程的最佳化，提高采购资源的最佳配置。优化采购活动必须对采购活动设计的诸多重大问题进行科学的谋划，做出最佳的选择，没有科学的采购决策就不可能产生理想的采购活动。

（2）实现准时制采购。准时制采购是一种基于供应链管理思想的现金采购管理模式。跨境电商企业的准时制采购就是只在需要的时候，按需要的数量，将企业生产所需要的合格的原材

跨境电商物流

料、外购件或产品采购回来。只有合理的采购决策，才能使准时采购成为可能。

知识拓展

准时制生产方式

准时制生产，简称 JIT（Just In Time），早期的最佳运作诞生于丰田公司，从 20 世纪 70 年代，大野耐一借此将丰田的交货期和产品质量提高到全球领先的地位。

JIT 指的是将必要的零件以必要的数量在必要的时间送到生产线，并且只将所需要的零件、只以所需要的数量、只在正好需要的时间送到生产线。JIT 方式将"获取最大利润"作为企业经营的最终目标，将"降低成本"作为基本目标。

（3）提高经济效益。在商品的规格、质量以及相关服务等一定的情况下，准确采购可降低进价，减少库存，提高跨境电商企业的竞争力。采购活动受到诸多因素的影响，这些因素之间存在特定的关系，任何因素处理不好，都可能影响经济效益的提高，而正确处理这些影响因素的前提是制定合理的采购决策。

本章小结

本章主要介绍了：跨境电商采购的概念、流程；跨境电商采购的主要模式；跨境电商采购计划，包括主生产计划编制；跨境电商采购的管理，包括跨境供应商的分类与选择、采购决策的概念与特点和科学采购决策的作用。通过本章的学习，读者能够掌握跨境电商采购概念及流程、跨境电商采购的多种模式、跨境供应商分类，了解采购决策的特点，能够根据条件编制主生产计划。

课后思考题

一、简答题

1. 跨境电商的采购流程是什么？
2. 跨境电商采购模式主要有哪些？

二、案例分析

墩煌（福建）实业有限公司（以下简称墩煌实业）创立于 1988 年，主营泳装、瑜伽服等针织服饰，如今已经走过了 30 多个春秋，从当初的几个人发展成为现在拥有 400 多名员工的大厂，如今也迎来了企业发展的新阶段。

墩煌实业原先单纯做 OEM，欧尚、沃尔玛、MANGO、MaxMara 等国际知名品牌都是墩煌实业的合作伙伴，品牌提供设计，墩煌实业接单生产。但现在，墩煌实业渐渐增加自己设计的产品，自主设计的产品推向市场后，也广受客户的好评，同时自主设计的产品，在价格上拥有更多的主动权。因此，墩煌实业在继续接单做 OEM 的同时，也在循序渐进地发展自主品牌，并已在美国注册品牌。

相对于传统 B2B 的客户来说，跨境电商卖家的采购量都不算大，墩煌实业产品起订量 1000 件起，但单款拿货五六百件都已经算跨境电商中的大卖家了，所以墩煌实业也针对性地降低了最低起订量。跨境电商卖家也很希望墩煌实业能提供一些新款给它们，这一点墩煌实业也在不断地改进。另外墩煌实业还会在设计中加入自己的风格元素，更接近电商卖家的喜好，这样中单率也会更大。

问题：

1. 墩煌实业采用的是哪种跨境电商采购模式？
2. 该模式有哪些特点？

第 4 章
跨境电商仓储管理

跨境电商的竞争归根到底比拼的是供应链效率,而信息化能力是其基础和支撑。跨境电商公司的软件架构应该具备开放性、灵活性和易管理性,能够实现与上游供应商和下游服务商的信息互通与协同、商品在跨境流通各个环节的实时跟踪与追溯,以及整个仓储物流流程的透明化、可视化和优化,最终实现提升效率和节省投入的目标。

本章学习目标

1. 掌握跨境电商仓储管理的流程和方法
2. 掌握跨境电商物流包装的要点

引导案例

全球购上海外高桥跨境仓开仓

2020年8月,在杭州举办的"淘宝全球购跨境业务发布暨年度品牌大会"上,淘宝全球购正式授牌外高桥集团股份有限公司下属上海市外高桥国际贸易营运中心有限公司(以下简称营运中心)运营的42#跨境电商仓库为"淘分销"在上海首个官方合作仓。

该跨境仓库位于上海外高桥保税区日樱北路,是保税区唯一一个拥有ISO 27001信息安全体系认证的跨境保税仓,距洋山深水港60min车程,浦东机场30min车程,外高桥港15min车程。仓库设有常温、恒温库两大库区,满足不同温度需求的货物存储。跨境电商仓储管理系统成熟,日订单处理能力在5000单以上。

受新冠病毒肺炎疫情影响,线上购物成为很多老百姓的选择,越来越多的企业也开启了跨境电商的外贸新征途。根据上海市跨境电子商务公服平台数据,2020年1月—6月,保税区域(未包含原洋山保税港区)跨境电商订单申报总量超过630万单,同比增长37.75%,占全市比重从原来的40%提高到42.75%;交易总额超过19.6亿元,同比增长58.15%,占全市比重的50.73%。

作为电商云集的重要平台之一,淘宝全球购推出新型供销平台"淘分销"并给予大力扶持,这是跨境品牌商的机遇,也是淘宝商家的机会。对于那些虽然在国外有着良好的口碑与销量,但苦于在国内缺乏知名度的中小品牌来说,"淘分销"平台能够助力其迅速开拓国内市场,完成从 0 到 1 的蜕变。

活动现场,营运中心分别与淘宝全球购、景通中国、卓悦中国、波奇网进行了现场签约。未来,营运中心将进一步促进跨境电商多元化发展,着力提升跨境业务中心仓功能,为跨境商家和企业提供从海外运输、进境申报、货物储存、一件代发、快递配送、分销运营等全供应链服务,为保税区域跨境电商增添强劲内生动力。

阅读以上案例,思考:
1. 跨境电商仓储管理有什么含义?
2. 跨境电商仓储与传统的仓储有什么区别和联系?

案例来源:搜狐网

4.1 跨境电商仓储管理的概念与目标

对跨境电商来说,商品怎样以最快的速度完成订单的接收及处理,实现快速出库,直接影响消费者的购物体验,也是跨境电商物流效率的重要衡量标准。因此,跨境电商仓储管理在跨境电商运营中具有非常重要的地位和作用。

4.1.1 跨境电商仓储管理的概念

仓储管理也叫仓库管理,英文为 Warehouse Management,简称 WM,是指对仓储设施布局和设计以及仓储作业所进行的计划、组织、协调与控制。

仓储管理的目的是保证仓储商品的完好无损,确保生产经营活动的正常进行,并在此基础上对各类商品的活动状况进行分类记录,以明确的图表方式表达仓储商品在数量、品质方面的状况,以及所在的地理位置、部门、订单归属和仓储分散程度等情况。

跨境电商仓储管理则是在跨境电商过程中考虑对仓储商品的收发、结存等活动的有效控制,以期达到仓储管理的目的。

案例拓展

北京亦庄建成全国首个跨境电商智能机器人仓库

北京经济技术开发区依托北京亦庄保税物流中心,采用国内自主知识产权的最先进机器人技术路线,建成全国首个跨境电商智能机器人仓库——北京跨境电商智能一号机器人(智能一号)。

跨境电商物流

智能一号是在北京亦庄保税物流中心 1 万 m^2 独立保税库的基础上，按照构建跨境电商网购保税进口海关监管公共库的标准进行了全方位的改造，对库内各功能区进行了综合设计规划，安装了无死角、全覆盖、高清晰的视频监控设备，以及 X 光查验设备和相关的分拣设备。同时委托专业公司开发了基于跨境电商网购保税业务模式的仓储管理系统、订单管理系统和报关辅助平台系统，实现从收货、上架，到存储、分拣，再到查验、派送全流程的信息化、智能化管理和操作。

智能一号最大的亮点是采用国内自主知识产权的最新技术机器人进行操作管理，可以实现自动仓储管理、自动拣货、自动分拣、自动查验等。与传统库房相比，机器人的拣货效率是人工拣货的 1.8~2.5 倍；机器人预计每天工作 8 h，可处理包裹 1 万单/天，是人工处理的 4 倍；较传统库房可多存 27% 的货物。库内使用的机器人由开发区内企业水岩科技和 ET 保税合作，采取分布式非线性控制，可以实现集群控制、独立运行、主动避让、编队作业等功能，是国内最先进的物流机器人技术。

下一步，智能一号将继续针对人工智能在跨境电商场景应用的创新型实验，采用机械臂、自动出货等最新技术，用机器人代替人工操作，实现全流程智能操作，同时持续保持设备技术、运营管理的领先水平，努力打造中国领先、世界先进的跨境电商机器人库，帮助解决困扰物流企业的劳动力成本逐年提高、北京劳动力逐渐转移等问题，为北京市疏解整治促提升、强化首都功能做出积极贡献，助推《中国制造 2025》目标的实现。

4.1.2 跨境电商仓储管理的目标

1. 以时间抢空间

时间代表速度，速度越快，用的时间越少；速度越慢，用的时间越多。空间指的是仓库的空间，仓储入库、出库的速度快，所需要的仓库空间小，则说明商品没有乱堆放，及时处理了呆料、旧料、废料、边角料，仓库管理得越好。"以时间抢空间"就是指仓储的作业速度越快，需要的空间就越小，周转越慢，仓库所需的空间会变得越来越大。

仓储管理就是对仓储产品的收发、保管、包装、流通加工和信息反馈的有效控制及对其数量和质量的保证，做到整洁有序。仓储管理的最高境界是实现零仓库。

2. 多快好省

"多快好省"的仓储作业目标主要包括以下四个方面：

（1）多储存。仓储管理要实现的目标是提升单位面积的储存量。物资整齐可以提高空间的利用率。

（2）快进货、快出货。快进货要求接运、验收以及入库的速度快，确认放货的地点、空间，安排好卸货人员，检查要使用的工具，商品一到立即卸货。快出货要求备货、出库、托运的速度要快，单证交接齐全，签字须慎重、仔细、认真核实；如果物资的价值特别高，则最好投保险。

（3）保管好。在保管期内，不仅要保证物资质量完好，还要保证数量准确。

（4）省费用。在确保物资数量和质量的同时，要注意节省费用。

3. 堆码的"12字方针"

仓库中的商品堆放要讲究"12字方针"，进行科学堆码。"12字方针"为合理、牢固、定量、整齐、节约、方便。

知识拓展

12 字方针

1. 合理——分区堆码、大不压小、重不压轻

（1）分区堆码的内涵。分区堆码首先要看仓库里地上有没有画线，画完线以后有没有编号，例如，1区、2区、3区，1区再分1-1、1-2、1-3，一目了然。不能今天1-1区放一种物品，明天1-1区换一个物品，应该固定放一种物品，这样找起来就很方便了。

（2）合理分区堆码的要求。分区堆码有个要求，即大不压小、重不压轻，也就是重的东西放下面，轻的东西放上面，大的东西放下面，小的东西放上面。如果有货架，就不太可能有问题。但是国内很多企业没有货架，所以要注意。

2. 牢固——堆码稳固、不偏不倚、不歪不倒

牢固就是堆码稳固、不偏不倚、不歪不倒。

3. 定量——每层同量、数标清楚，便于盘点、发货

定量要求每一层的量应该是一样的。每一层的量不一样的叫散货，专门放一个地方，叫散货区。散货不要和整货放在一块。因为整货每一层都放相同的量，所以盘点的时候就很方便。

另外，要标识清楚，里面要有吊牌，标明货物的名称、数量。这样，盘点、发货速度就很快了。

4. 整齐——仓容整洁、纵看成列、横看成行

（1）仓容要整洁，整就是要整齐，洁就是要干净。

（2）要求纵看成列，横看成行，即便有货架也一样。这样发货入库的时候，搬运方便，不会磕磕碰碰，地上画了线以后，铲车很容易就过去，工作效率也提高了。

5. 节约——一次堆码成形，节省人力消耗

节约的要求是一次堆码成形，不要重复劳动。拿下来放在托盘里，然后到目的地拿出去，最好一个托盘一次到位，一步到位，节约劳动力。

6. 方便——装卸、搬运、验货、盘点要方便

装卸、搬运、验货、盘点，都要方便，考虑现在的布局、操作方法是否合适，仓储不光是费体力的，也要动脑子去想。

例如，入库的重货要放在门边，不要放在角落，要把轻的货放在角落，以便出货方便。

4.2 跨境电商仓储管理操作

仓储管理就是对仓库及仓库内的物品所进行的管理，是仓储机构为了充分利用其所具有的仓储资源为存货人或客户提供高效的仓储服务而对仓储资源进行的计划、组织、控制和协调。

4.2.1 跨境电商仓储管理流程

仓储管理按照流程分为入库管理、库中管理和出库管理，如图4-1所示。

1. 入库管理

入库管理流程分为接运、交接和验收。

（1）接运。供应商有义务进行入库前的通知，以便仓库收货人员事先做好准备，避免迂回和二次重复劳动。

（2）交接。交接时要求单单相符，单货相符。单单相符要求单证和单证之间要完全吻合。采购入库之前，采购人员给仓库收货人员一份单据；供应商将货运过来时，随车有单据；仓

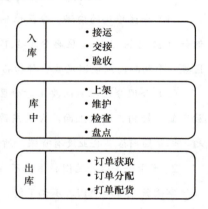

图4-1 仓储管理流程

库收货人员需要将两份单据进行核对，确认准确无误后才能收货。单货相符要求商品与单证之间完全吻合。

（3）验收。验收包括对商品的规格、数量、质量和包装等方面进行检查。规格的验收主要是对商品品名、代号、花色和色样方面进行验收；数量的验收主要是对散装商品进行称量，对整件商品进行数目清点，对贵重商品进行仔细查验等；质量的验收主要检查商品是否符合仓库质量管理的要求，商品的质量是否达到规定的标准等；包装的验收主要核对商品的包装是否完好无损，包装标志是否达到规定的要求等。

2. 库中管理

库中管理流程分为上架、维护、检查和盘点。

（1）上架。跨境电商库存中的存货数量繁多、种类多样，在上架过程中极易出错、混淆和重复。

（2）维护。商品在仓库里存放，要注意商品的保养，明确商品的储存条件，特殊的商品要保证通风、防潮等。

（3）检查。对库中的商品实时检查，保证能够准确查询库存。

（4）盘点。盘点是对商品实有库存数量及其金额进行全部或部分清点，以确实掌握期间内商品状况，并因此加以改善，加强管理。

3. 出库管理

出库管理流程分为获取订单、订单分配和打单配货。

（1）订单获取。通过跨境电商平台的官方应用程序接口（API）自动将平台订单导入库存信息管理系统，获取订单信息。

（2）订单分配。接入主流的国际物流渠道，所有订单将自动根据用户自定义的分配规则，选择相应的仓库和物流进行配货。

（3）打单配货。订单根据规则自动获取物流信息并生成面单、跟踪号，捡货信息也与面单同步打印；对于简单包裹（一个订单仅包含一件商品的包裹）可以扫货打出面单。

4.2.2　跨境电商仓储管理原则与方法

1. 跨境电商仓储管理原则

（1）货架位信息规范化。货架位信息是指对库存商品存放场所按照位置的排列，采用统一标识标上顺序号码，并做出明显标志。货架位信息编写，应确保一个仓库的货架位采用同一种方式规则进行编号，以便于查找处理。货架位信息编写通常采用区段式编号、品项群式编号和地址式编号三种。

（2）商品信息规范化。商品信息的规范主要是指商品的 SKU 信息、规格尺寸和中英文报关信息的条理化、明晰化。商品信息的规范也有利于进行库存商品精细化管理，有利于及时准确地拣货，提高效率，避免拣货失误。

（3）先进先出原则。先进先出原则（First In First Out，FIFO）是指在仓储管理中，将商品入库的时间顺序整理好，在出库时按照先入库的商品先出库的原则进行操作。

2. 跨境电商仓储管理方法

（1）摘果法。摘果法是指针对每一份订单要求，进行单独拣选，拣货人员或设备巡回于各个商品储位，将所需的商品取出，形似摘果，如图 4-2a 所示。

（2）播种法。播种法是指把多个订单需求集合成一批，先把其中每种商品的数量分别汇总，再逐个品种对所有订单进行分货，形似播种，如图4-2b所示。

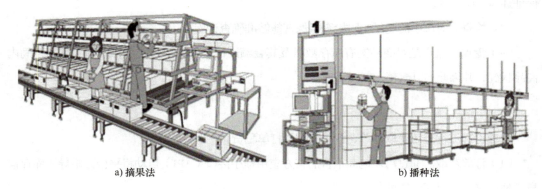

a) 摘果法　　　　　　　　　　　　b) 播种法

图4-2　摘果法和播种法示意图

知识拓展

摘果法和播种法的异同点

共同点：集中搬运到配单场所，然后将每一客户所需的产品取出，与出库单对应放置，直至单物匹配完毕。

区别：

（1）处理订单数量不同。摘果法是针对每一份订单进行拣选，拣货人员或设备巡回于各个货物储位，将所需的货物取出，形似摘果，每人每次只处理一份订单或一个客户。播种法是把多份订单集合成一批，先把其中每种商品的数量分别汇总，再逐个品种对所有客户进行分货，形似播种，每次处理多份订单或多个客户。

（2）适用情况不同。摘果法简单易操作，适用于品种少、订单量大的情况。播种法操作复杂，难度系数大，适用于订单品种和数量都比较多的拣选。

（3）差错率不同。对于同样的分拣量，摘果法行走距离较长、动作多、耗时长、差错率高。因此播种法优于摘果法。尽管摘果法对单个订单的响应速度较快，但是播种法可以高效处理成批订单，完成一份订单的平均时间要少于摘果法。

4.2.3　跨境电商仓储量化指标

对仓储管理进行量化的考评，是有效的管理手段。没有量化就没有标准，仓储管理也一样，需要量化的指标。最关键的是五个指标：仓库吞吐量、平均库存量、库存周转率、收发正确率和商品完好率。

1. 仓库吞吐量

仓库吞吐量也叫库存量,是指一定时期内仓库出库、入库、直拨物资的总量。通常以实物指标"吨"为计算单位,对难以用吨位计量的物资,则按货单上的重量统计,有的则以价格折算吨位来计算。它反映期内仓库的工作量和收发能力。

知识拓展

仓库吞吐量

仓库吞吐量 = 入库量 + 出库量 + 直拨量

例如,顺达仓库 3 月到库商品共 2000 件,出库 1500 件,月初库存 500 件,本月中有 500 件商品因特殊原因直发海外仓。全月错收错发商品共 30 件,损坏变质商品 10 件。请计算顺达仓库的吞吐量。

直拨量是指没有经过仓库就直接发货的商品数量,或者直接从配送中心或供应商发货的商品数量。

仓库吞吐量 = 2000 件 + 1500 件 + 500 件 = 4000 件

2. 平均库存量

平均库存量是指计划期内平均的库存量。它反映了仓库的平均储存水平。年平均库存量是在每个月平均库存量的基础上算出来的,月平均库存量之和除以 12 为年平均库存量。

3. 库存周转率

库存周转率是在某一时间段内库存商品周转的次数。它是反映库存周转快慢程度的指标。周转率越大表明销售情况越好。

4. 收发正确率

收发正确率是指仓库在收货、发货时的正确程度。其中,收发差错总量是收货的差错量和发货的差错量之和。收发正确率越高,盘点的精确度就越高。

5. 商品完好率

商品完好率反映的是物资经过保管后的完好情况。

4.3 跨境电商物流包装

包装是跨境电商末端的环节。由于跨境电商的物流时间长,中转较多,甚至需要经常变换运输工具，因此对跨境商品的包装必须严格要求。跨境电商物流包装的水平直接影响客户体验。

4.3.1　包装的定义与分类

1. 包装的定义

GB/T 4122.1—2008《包装术语　第1部分：基础》中对包装明确定义为，为在流通过程中保护产品，方便储运，促进销售，按一定技术方法而采用的容器、材料及辅助物等的总体名称，也指为了达到上述目的而采用容器、材料和辅助物的过程中施加一定方法等的操作活动。

2. 包装的分类

（1）按包装功能不同分类，包装可分为商业包装和工业包装两个大类。

1）商业包装。商业包装是以促进商品销售为目的的包装。这种包装的特点是：外形美观，有必要的装饰，包装单位适合顾客购买量和商店设施的要求。

2）工业包装。工业包装又称运输包装，是物资运输、保管等物流环节所要求的必要包装。工业包装以强化运输、保护商品、便于储运为主要目的。工业包装要在满足物流要求的基础上使包装费用越低越好。对于普通物资的工业包装其程度应当适中，才会有最佳的经济效果。

（2）按包装层次不同，包装可分为逐个包装、内部包装、外部包装。

1）逐个包装。逐个包装是指一个商品为一个销售单位的包装形式。内包装直接与商品接触，在生产中与商品装配成一个整体。它以销售为主要目的，一般随同商品销售给顾客，因而又称销售包装或小包装。逐个包装起着直接保护、美化、宣传和促进商品销售的作用。

2）内部包装。内部包装指若干个单体商品或包装组成一个小的整体包装。它是介于逐个包装与外部包装的中间包装，属于商品的内层包装。内部包装在销售过程中，一部分随同商品出售，另一部分则在销售中被消耗掉，因而被列为销售包装。在商品流通过程中，内部包装起着进一步保护商品、方便使用和促进销售的作用，方便商品分拨和销售过程中的点数和计量，方便包装组合等。

3）外部包装。外部包装（又称运输包装或大包装）是指商品的最外层包装。在商品流通过程中，外包装起着保护商品、方便运输、装卸和储存等方面的作用。

（3）按包装容器质地不同，包装可分为硬包装、半硬包装和软包装。

1）硬包装。硬包装又称刚性包装，是指充填或取出包装的内装物后，容器形状基本不发生变化，材质坚硬或质地坚牢的包装。

2）半硬包装。半硬包装又称半刚性包装，是介于硬包装和软包装之间的包装。

3）软包装。软包装又称挠性包装，是指包装内的充填物或内装物取出后，容器形状会发生变化，且材质较软的包装。

（4）按包装使用范围，包装可分为专用包装和通用包装。

1）专用包装。专用包装是指专供某种或某类商品使用的一种或一系列的包装。

2）通用包装。通用包装是指能盛装多种商品、被广泛使用的包装容器。

（5）按包装使用的次数，包装可分为一次用包装、多次用包装和周转用包装。

1）一次用包装。一次用包装是指只能使用一次，不再回收复用的包装。

2）多次用包装。多次用包装是指回收后经适当加工整理，仍可重复使用的包装。

3）周转用包装。周转用包装是指工厂和商店用于固定周转多次复用的包装容器。

（6）包装的其他分类方法

1）按运输方式不同，包装可以分为铁路运输包装、货车货物包装、船舶货物包装、航空货物包装及零担包装和集合包装等。

2）按包装防护目不同，包装可分为防潮包装、防锈包装、防霉包装、防震包装、防水包装、遮光包装、防热包装、真空包装、危险品包装等。

3）按包装操作方法不同，包装可分为罐装包装、捆扎包装、裹包包装、收缩包装、压缩包装和缠绕包装等。

案例拓展

农夫山泉包装获得国际顶尖设计大奖

2015年5月，第17届国际食品与饮料杰出创意奖（FAB Awards）在伦敦举行颁奖典礼，从全球5000多个参赛作品中入围的138件作品在此进行最终角逐。唯一入围的中国作品——农夫山泉玻璃瓶天然矿泉水包装设计战胜了可口可乐、百加得等诸多国际大牌，同时斩获包装设计类最高奖——FAB最佳作品奖，以及无酒精饮料包装设计金奖。这是包装设计类中唯一同时获得两项殊荣的作品，也是中国产品第一次问鼎该奖项。

农夫山泉玻璃瓶新品高端矿泉水取自长白山莫涯泉，是举世罕见的"低钠淡矿泉"，属于世界上最珍惜的一类矿泉水。

为了追求完美的包装设计，农夫山泉以英国、意大利、俄罗斯三个国家的五个设计工作室的作品为基础，反复讨论、推翻、修改，前后整整用了三年时间，直到2014年年底才最终确认设计，一共经历了58稿。

在创意过程中，农夫山泉提出设计必须体现长白山的自然生态文明，并需要用多种具象的元素去表现独有的生态和文明。

农夫山泉玻璃瓶新品高端矿泉水一共有八个包装形态，其中全透明的四个包装选取了长白山的典型天气和植物，分别是雪花、山楂海棠、蕨类植物和红松果实。这四个包装用来盛装非充气天然矿泉水。泛绿色的四款设计用于含气天然矿泉水，选取了长白山四种典型的动物，包括东北虎、中华秋沙鸭、马鹿和䴉。每种图案边上都有相关的文字性描述，比如"长白山已知国家重点保护动物58种，东北虎是国家重点保护动物"，透露出浓浓的生态和人文关怀气息。

4.3.2 跨境电商物流包装合理化

1. 满足跨境电商对运输包装的要求

跨境电商对商品运输包装的要求比境内电商更高，要求包装必须适应商品的特性，适应各种运输方式的要求，必须考虑有关国家的法律规定和消费者的要求。

在跨境电商中，由于各国（地区）文化差异的存在，对商品的包装材料、结构、图案及文字标识等要求也不同。

例如，美国规定，为防止植物病虫害的传播，禁止使用稻草做包装材料，如被海关发现，必须当场销毁，并支付由此产生的一切费用；中东地区规定，销往阿拉伯地区的食品、饮料，必须用阿拉伯文说明。

2. 运输包装的标志要标准、清晰

（1）运输标志。运输标志又称唛头，通常由一个简单的几何图形和一些字母、数字及简单的文字组成。标准运输标志由收货人名称、参考号、目的地、包装件号四个元素按顺序组成，每个元素占一行，每行不应超过17个字符，并且这些运输标志都应在包装物和相关单证上标出。凡认为对于装运货物没有必要的四个元素中的任何一个都可予以省略。

知识拓展

运输标志包含的元素

鉴于运输标志的内容差异较大，有的过于繁杂，不适应货运量增加、运输方式变革和电子计算机在运输与单据流转方面应用的需要，因此，联合国欧洲经济委员会简化国际贸易程序工作组，在国际标准化组织和国际货物装卸协调协会的支持下，制定了一项运输标志向各国推荐使用。该标准化运输标志包括：

（1）收货人或买方名称的英文缩写字母或简称。

（2）参考号：如运单号、订单号或发票号。

（3）目的地。

（4）包装件号。

至于根据某种需要而须在运输包装上刷写的其他内容，如许可证号等，则不作为运输标志必要的组成部分。

（2）指示性标志。指示性标志指示人们在装卸、运输和保管过程中需要注意的事项，一般都是以简单、醒目的图形和文字在包装上标出，也有人称其为注意标志。注意标志示例如图4-3所示。

图4-3　注意标志示例

（3）警告性标志。警告性标志又称危险商品包装标志。凡在运输包装内装有爆炸品、易燃物品、有毒物品、腐蚀物品、氧化剂和放射性物质等危险商品时，都必须在运输包装上标明用于各种危险品的标志，以示警告，便于装卸、运输和保管人员按商品特性采取相应的防护措施，以保护物资和人身的安全。

GB 190—2009《危险货物包装标志》是2009年我国发布的国家标准。本标准规定了危险货物包装图示标志的分类图形、尺寸、颜色及使用方法等。联合国的政府间海事协商组织也规定了《国际海运危险品标志》，在我国，危险商品的运输包装上要标明我国和国际上所规定的两种危险品标志。

3. 从国际物流总体角度出发，用科学方法确定最优包装

产品从出厂到最终销售目的地所经过的流通环境条件，如装卸条件、运输条件、储存条件、气候条件、机械条件、化学和生物条件等都对包装提出了要求。

4. 推崇绿色包装

绿色包装是指不会造成环境污染或恶化的商品包装。"绿色包装"应符合节省材料、资源和能源，废弃物可降解，不至于污染环境，对人体健康无害等要求。

为防止包装材料及其废弃物对环境造成伤害，或不合理的包装容器物对使用者本身的健康威胁，美国及欧盟等国家对于再生、再分解包装材料制定了法规，以及为鼓励再生循环资源出台各类税费等经济措施。澳大利亚、新西兰、菲律宾等国颁布过为保护生态环境防止包装物内

的病虫、细菌、微生物的法规制度。同时德国、法国、日本等国还对各类包装物绿色标志实行了相互认证模式。

4.3.3 跨境电商物流包装技巧

1. 包装原则

（1）保护商品。包装的目的在于防止和避免在运输中由于冲击或震动所产生的破损，兼顾防潮和防盗功能。

（2）便于装卸。对物流商品特别是大件商品进行包装时，需要考虑商品装卸的便利性，有效地提高商品装卸效率，同时避免由于野蛮装卸给商品带来的损害。

（3）适度包装。对商品进行包装时，要根据商品尺寸、重量和运输特性选用大小合适的包装箱及包装填充物。

（4）注意方向。对于有放置方向要求的商品，在包装、储存和运输过程中必须保证按照外包装上的箭头标识正确放置商品，杜绝侧放和倒放。

2. 包装箱的类型

常用的商品包装材料有纸箱、泡沫箱、牛皮纸、文件袋、编织袋、自封袋、无纺布袋等。常用的包装辅材有封箱带、警示不干胶、气泡膜、珍珠棉等。其中以纸箱包装最为常用，下面重点介绍如何选择纸箱。

（1）按纸板层数分。按纸箱所使用的纸板（瓦楞板），可以分为三、五、七层纸箱。

（2）按纸箱的形状分。按纸箱的形状，可以分为普箱（或双翼箱）、全盖箱、天地盒、火柴盒、异形箱（啤盒）等。

3. 注意事项

（1）对于使用带子、绳索或胶带进行缠绕的商品包装，应拆除带子、绳索、胶带，附加气泡膜、包装箱等。

（2）对于重复使用的盒子或箱子，必须去除包装外侧的所有标签、号码、地址信息及一切有可能影响操作人员识别的粘贴物品和信息。

（3）对于易破损的材料，如保丽龙、塑料、编织袋等，要注意更换。

（4）不接受公文包、行李袋作为外包装的商品。

（5）不接受客户使用有压垮痕迹、破洞、油渍、水渍的使用过的箱子对商品进行包装，不使用受潮或强度不够的瓦楞纸箱对商品进行包装。

（6）商品包装不能直接作为运输包装。

（7）如果使用不带铁箍的打包带，入库时需拆箱去除，非重货无须附加打包带。

（8）对于木质包装的商品，如有异常，拆箱后无法还原，需确认去除此木质包装。

（9）任何报刊、宣传海报等不能作为外包装。

本章小结

本章主要介绍了跨境电商仓储管理的概念和目标；跨境电商仓储管理操作，具体包括仓储管理流程、原则与方法、量化指标；跨境电商物流包装，包括包装的定义、分类、包装合理化和包装技巧。通过本章的学习，读者能够掌握跨境电商仓储管理的概念，跨境电商仓储管理的流程和原则、方法，跨境电商包装相关概念和技巧方法。

课后思考题

一、简答题

1. 什么是仓储管理？
2. 跨境仓储的目标是什么？
3. 仓储量化指标有哪些？
4. 跨境电商物流对包装的一般要求有哪些？

二、案例分析

鲸仓作为智能仓储自动化整体解决方案提供商，提供从仓储、分拣、配送、管理、考核的全链路智能仓储解决方案，致力于用更先进的技术降低物流成本使商品存储与流通更高效。目前，为了加速智能仓的普及，鲸仓推出了"智享仓：智能共享仓"服务，鲸仓在世界各地建设智享仓网络，品牌商可以通过"一件代发"的方式将仓储业务外包给鲸仓。

虹迪科技（RUNBOW）创立于2005年，是中国领先的专业供应链物流服务提供商之一。2019年7月18日，鲸仓拣选蜘蛛系统（Picking Spider System，PSS）正式亮相成都，落地于成都双流普洛斯物流园，该项目由鲸仓与虹迪科技联手打造，已于2019年5月开始模块化运营，7月正式全面运营，这标志着双方在智慧物流道路上共进一步，同时也体现双方在智能仓储场景中落地的决心，双方将携手共创密集智能仓时代。PSS能充分利用仓库9m的高度立体存储，提升6倍存储效率，其货到人模式可大幅节省工人走路的用时，提升3倍人效。PSS采用AIoT操作系统——旷视河图进行人机协同操作，使得单人拣货件数达到600件/h，柔性部署让每小时搬30箱的"小蜘蛛"机器人可以根据订单量的变化进行增减，轻松应对大促活动。PSS适用于鞋服美妆百货等小轻件的2B和2C业务。

跨境电商物流

　　本次成都项目仓库占地面积 3500m²，三层楼高，可存放 65 000 个料箱和 800 个托盘，每小时出箱量可达 3000 箱。

　　问题：

　　1. 跨境电商仓储管理最重要的步骤是什么？为什么？

　　2. 从上述案例你能得到什么启示？

第 5 章
跨境电商配送管理

国际跨境电商经营离不开现代物流配送的技术支持，现代物流配送是实现国际跨境电商经营的重要因素。现代物流配送体系的构建不仅有利于社会生产力的提高，同时也是发展现代跨境电商的基础条件之一。

本章学习目标

1. 理解跨境电商配送和配送中心概念
2. 掌握跨境电商配送分类
3. 了解配送中心选址考虑的因素
4. 结合实际选择最优配送中心线路

引导案例

贵阳综合保税区跨境电商"前店后仓极速配送"模式启动

2020 年 9 月 5 日，贵阳综合保税区（以下简称贵阳综保区）跨境电商"前店后仓极速配送"模式启动仪式在位于贵阳综保区综合服务大楼前广场的贵阳综保区跨境商品交易中心举行。

围绕跨境电商发展，贵阳综保区管委会在贵阳海关隶属筑城海关的大力指导和支持下，推动"前店后仓极速配送"创新模式试点，将展示交易中心设立在海关特殊监管区域围网边，将一般贸易进口货物与跨境商品相结合，消费者现场扫码下单，商家后台第一时间完成订单、支付单、物流单等"三单"的海关申报手续，经自动审核后系统自动放行，仓库同步接受指令办理出库手续，全程不超过 3min。同时，消费者在现场可以通过大屏幕，及时了解自己所购买的跨境电商商品海关通关放行状态，商家据此办理提货手续。

2020 年 4 月，国务院批复设立第五批跨境电商综试区，基本形成了全面推广部署的发展格局，贵阳综保区作为中国（贵阳）跨境电商综试区的核心区，创新试点"前店后仓极速配送"，是凸显贵阳综试区特色、积极探索跨境电商与线下实体的一次初探，也为下一步探索"跨境电商+旅游"的特色模式奠定了基础。2020 年以来全国跨境电商逆势上扬，上半年同比增长达24.4%，贵阳综保区上半年新注册跨境电商企业 21 家，跨境电商保税进出口业务完成 13 572 单，

跨境电商物流

交易货值达 1.46 亿元，交易单量、交易货值均超过 2019 年全年，通过创新试点"前店后仓极速配送"模式，将为入驻企业拓展新市场、抢抓跨境电商高速发展机遇提供重要支撑。

当前，贵阳综保区将跨境电商发展作为对外开放的重中之重，通过抓通道、抓平台、抓机制、抓供应链、抓市场，提前布局、打好基础、抢占先机。下一步，贵阳综保区将通过加快推进都拉营国际陆海通物流港建设，推动国际贸易要素在贵阳综保区集聚，形成外贸进出口货物集散中心、跨境电商物流分拨中心。同时，将在贵阳海关、筑城海关的指导下，进一步加强业务优化设计指导，强化通关保障，优化货物进出区流程，更好地保障快速通关、极速送达。

阅读以上案例，思考：
1. 什么是跨境电商配送？
2. 跨境电商配送的重要性如何？

案例来源：新华网

5.1 跨境电商配送概述

配送系统是物流系统的子系统，配送是跨境电商物流中的中心环节，是直接面对客户提供物流服务的环节。由于服务对象的不同，配送物品的性质不同，加上客户要求的多样化，特别是定制化服务的需求，配送模式和服务方式也是多样化的。

5.1.1 配送的概念和特点

1. 配送的概念

GB/T 18354—2016《物流术语》将配送定义为：在经济合理区域范围内，根据用户要求，对物品进行拣选、加工、包装、分割、组配等作业，并按时送达指定地点的物流活动。

2. 配送的特点

（1）配送是物流的一个缩影。配送几乎包括了所有的物流功能要素，是在某个范围内物流全部活动的体现。一般的配送集装卸、包装、保管、运输于一身，通过这一系列的活动实现将货物送达的目的；特殊的配送则还要以加工活动为支撑，因此涵盖的范围更广。

（2）配送是商流和物流的紧密结合。物流是商流与物流分离的产物，而配送则是商流与物流合一的产物。配送本身就是一种商业形式。虽然配送在具体实施时，也有以商流与物流分离形式实现的，但从配送的发展趋势看，商流与物流越来越紧密地结合，成为配送成功的重要保障。

（3）配送是"配"与"送"的有机结合。配送是一种高水平的送货形式。在送货活动开始前必须依据客户需求对货物进行合理的组织与规划。只有"有组织有规划"的"配"，才能实现现代物流管理中所谓的"低成本、加速度"的"送"，进而有效满足客户的需求。

（4）配送是一种"中转"形式。一般的送货尤其从工厂到客户的送货往往是直达型的。一般的送货是有什么送什么，配送则是客户需要什么送什么。

（5）配送以用户要求为出发点。在配送定义中强调"根据用户要求"，明确用户的主导地位。配送是从用户利益出发，按用户要求进行的一种活动。因此，配送企业的地位是服务地位而不是主导地位，企业要在满足用户要求的前提下获利。

5.1.2 配送分类

1. 按配送商品的种类和数量分类

（1）少品种（或单品种）、大批量配送。一般来说，当客户所需货物的品种较少，需求量较大且需求量相对稳定时，可采取这种配送形式。因货物批量较大，一般不需要对货物进行配装，可以采取整车运输。配送作业的难度较小，配送成本也相对较低。

（2）多品种、少批量配送。多品种、少批量配送是按客户的需求，将其所需要的各种货物配备齐整后，由配送地送达目的地的一种配送方式。这种方式对配送的作业水平、管理水平都有较高的要求，配送成本一般较高。

（3）成套配套配送。当客户尤其是装配型企业需要多种零配件和配套设备时，可采用成套配送的形式，按其生产节奏定时定量地将企业所需要的货物送到生产装配线上。这种配送形式，有利于生产企业实现库存的最小化，方便生产企业的生产作业。

2. 按配送时间及数量分类

（1）配送中心配送。组织与实施主体是专职从事配送业务的配送中心，一般来说，其规模较大，功能齐备，配送能力较强，配送距离也较长，大都和客户有固定的配送关系。这种配送方法的主要优点是配送品种多、数量大。缺点是灵活机动性较差，成本较高。

（2）仓库配送。这一般是以仓库为设施基础进行的配送。可以是原仓库在保持储存保管功能的前提下，增加配送功能，或经过对原仓库的改造，使其成为专业的配送中心。

（3）商品配送。配送业务的组织者是商业或物资的门市网点。这些网点主要承担零售任务，规模一般不大，但经营品种较齐全。除了日常零售业务，还可根据客户的需求将商店经营范围内的商品配齐，或代客户外订外购一部分商店平时不经营的商品，与商店经营的商品一起送到客户手中。这往往只是小量、零星商品的配送。

（4）生产企业配送。配送业务的组织者是生产企业。可以直接从本企业开始进行配送，而不需要将产品运到配送中心进行配送，避免中转。

3. 按配送时间及数量分类

（1）定时配送。定时配送是按规定的时间间隔进行配送，每次配送的品种、数量可按计划执行。在实际配送过程中，即使客户需求的时间及配送的品种和数量发生变化，配送方也可依据电子商务物流系统迅速地调整原作业计划和作业过程。

（2）定量配送。定量配送是按规定的批量在一个指定的时间范围内进行配送。由于配送的数量相对固定，时间范围相对宽松，便于进行备货、装配和配送，有利于提高配送效率，节约配送成本。

（3）定时定量配送。定时定量配送是按照规定的配送时间和配送数量进行配送，兼有定时配送和定量配送的特点，要求配送管理水平较高。

（4）定时定路线配送。定时定路线配送是在规定的运行路线上按事先制定好的时间表进行配送，客户可按规定路线和规定时间接货，或提出其他配送要求。

（5）即时配送。即时配送是完全按用户提出的配送时间和数量随机进行配送，它是一种灵活性很高的应急配送方式。采用这种方式进行补货，客户可以实现零库存，即以即时配送代替了保险储备。

知识拓展

配送基本环节

配送是根据客户的订货要求，在配送中心或物流网点进行货物的集结与组配，以最适合的方式将货物送达客户处的全过程。主要环节有：

（1）集货。将分散的或小批量的货物集中起来，以便进行运输、配送作业。

（2）分拣。将货物按品名、规格、出入库先后顺序进行分门别类的作业。

（3）配货。使用各种拣选设备和传输装置，将存放的货物按客户的要求分拣出来，配备齐全，送入指定发货区。

（4）配装。区别于一般性的送货，通过配装可以大大提高送货水平及降低送货成本，同时能缓解交通流量过大造成的交通堵塞，减少运次及空气污染。

（5）配送运输。和一般运输的区别在于，配送运输是较短距离、规模较小、较高频度的运输形式。

5.2　跨境电商配送中心概述

根据物流作业量和作业流程完成物流配送中心的规划和设计，在确定了配送中心建筑规模后进行选址。配送中心位置的选择，将影响配送中心实际营运的效率和成本，以及日后配送中心规模的扩展。

案例拓展

满洲里综合保税区跨境电商公共服务平台正式上线运营

满洲里综合保税区跨境电商公共服务平台于 2020 年 1 月正式上线运营，实现了内蒙古自治区跨境电商业务正式纳入海关统计。

跨境电商采取"网购保税模式"进口商品，提前经过国家相关部门审批备案，报关进入综合保税区海关监管仓库，通过在跨境电商平台展示、客户下单支付、分拣查验、物流配送等环节，可实现来自全世界的商品 24h 线上下单、线下收货，从根本上解决海外代购物流时间长、退换货难、商品质量无法保证等方面问题。同时进口商品是在保税状态下待售，可以有效降低相关企业的运营成本，增强企业的经营活力。

此外，跨境电商业务启动运营后，满洲里综合保税区将充分整合政策及地缘优势，积极引进和培育线上综合服务平台，建设线下展示体验中心，推动跨境电商信息流、资金流及物流集聚，建成功能齐全、体系完善、独具特色的跨境电商经贸体系，推动满洲里市发展成为交易规模大、集聚程度高、支撑体系强、发展环境好、区域知名度高的进出口货物分拨集散中心和跨境电商边贸新城。

5.2.1　配送中心的概念和功能

1. 配送中心的概念

配送中心是从事配送业务的物流场所和组织。配送中心应符合下列条件：主要为特定的用户服务；配送功能健全；信息网络完善；辐射范围小；多品种，小批量；以配送为主，储存为辅。

知识拓展

配送中心的分类

（1）按配送中心承担的职能分类：供应配送中心和销售配送中心。

（2）按配送中心的功能分类：储存型配送中心、流通型配送中心、加工配送中心。

（3）按地域范围分类：城市配送中心和区域配送中心。

2. 配送中心的功能

（1）订单服务系统。当用户通过网络下单后，订单服务系统迅速查询库存清单、查看缺货状况，这些信息必须实时地反馈给客户。同时调用客户管理系统查询该客户的相关信息。确认订单后，订单服务系统将客户订单发送到离客户最近的仓储中心。在整个过程中，订单服务系统需要同客户管理系统、仓储管理系统密切地协同工作。

（2）配送系统。当客户订单中的物品都备齐后，进行统一包装，进入配送系统。配送系统包括处理运输需求、设计运输路线、调度运力资源、实施运输等。这个过程还包括通过网络系统对物品运输状态进行跟踪、应急调整和安排运输等。

（3）退货管理系统。退货管理即对客户退货进行处理。客户因某种原因退货，企业应制定相应的退货处理政策。退货可集中由配送企业送回原仓储地点，由专人清理、登记、查明原因，如是产品质量问题应及时通知订货系统停止订货，并通知网站管理部门将网页上有关货物的信息及时删除。如退货还可继续使用，可进入库存。

（4）客户满意度调查和投诉反馈系统。客户服务质量是销售企业保留老客户、吸引新客户的重要因素。客户满意度调查一般包括客户请求的响应速度、客户请求的满足时间和客户请求的满足质量等。

（5）物流数据管理与分析系统。物流数据管理与分析是对物流配送整个过程中所产生的数据进行分析和挖掘，产生一些深度报告，作为电商企业选择专业物流配送企业的依据，也可以帮助电商企业及时调整市场推广策略和对客户的承诺，同时还可以帮助电商企业做出市场销售预测。

5.2.2 配送中心的设计原则

1. 系统工程原则

配送中心的工作包括收验货物、搬运、储存、装卸、分拣、配货、送货、信息处理及与供应商、连锁商场等店铺的对接等。设计时要考虑各个作业之间的协调均衡，追求整体优化。

2. 价值工程原则

在激烈的市场竞争中，客户对配送的时效性要求越来越高。在为客户提供高质量服务的同时，企业又必须考虑物流成本。特别是建造配送中心耗资巨大，企业必须对建设项目进行可行性研究，并进行多个方案的技术、经济比较，以谋求最大的企业效益和社会效益。

3. 管理科学化原则

配送中心广泛采用电子计算机进行物流管理和信息处理，大大加速了商品的流转，提高了经济效益和现代化管理水平。同时，电子商务企业要合理地选择、组织，使用各种先进的物流机械、自动化设备，以充分显示配送中心多功能、高效率的特点。

4. 发展原则

在规划设计配送中心时，无论是建筑物、信息处理系统的设计，还是机械设备的选择，都要考虑到配送中心较强的应变能力，以适应物流量大、经营范围的拓展。

5. 人本原则

配送中心作业地点的设计实际是人机环境的综合设计，企业要为作业人员创造一个良好、舒适的工作环境。

5.2.3 配送中心选址考虑的因素

1. 客户的分布

配送中心在选址时先要考虑的就是客户的分布。对于零售商型配送中心来说，其主要客户是超市和零售店，它们大多分布在人口密集的地方或大城市。为了提高服务水平及降低配送成本，配送中心多建在城市边缘接近客户集中分布的地区。

2. 供应商的分布

配送中心选址时也要考虑供应商的分布。因为物流的商品全部是由供应商所供应的，配送中心离供应商越近，其商品的安全库存越可以控制在较低的水平上。但由于国内进货物流的成本一般是由供应商负担的，因此有时不太重视此因素。

3. 交通条件

交通条件是影响物流配送成本及效率的重要因素之一，交通运输的不便将直接影响配送效率。因此配送中心在选址时必须考虑对外的交通运输，以及未来交通与邻近地区的发展状况等因素。选定的地址宜临近重要的运输线路，以方便配送运输作业的进行。

4. 土地条件

对于土地的使用，必须符合相关法规及城市规划的限制，尽量将配送中心的地址选在物流园区或经济开发区。建设用地的性状、长宽、面积与未来需求扩大的可能性，则与规划内容有密切的关系。另外，还要考虑土地大小与地价，在考虑现有地价及未来增值的情况下，配合未来可能扩大的需求程度，决定合适的面积。

5. 自然条件

在物流用地的评估当中，自然条件也是必须考虑的，事先了解当地自然环境有助于降低建设的风险。例如，有的地方靠近山地湿度较高，有的地方靠近海边盐分较高，这些都是影响商品储存的条件，尤其是服饰产品或3C产品等对湿度及盐分都非常敏感。另外，台风、地震等自然灾害，对于配送中心的影响也非常大，必须特别留意。

6. 人力资源条件

由于一般物流作业仍属于劳动力密集型作业，在配送中心内部必须要有足够的作业人员，因此在决定配送中心位置时必须考虑劳动力的来源、技术水平、工资水平等因素。人力资源的评估条件有附近人口、交通状况、薪资水平等几项。

7. 政策环境

现在物流用地的取得很困难，如果有政府政策的支持，则更有助于物流业的发展。政策环境条件包括企业优惠措施（土地提供、减税），城市规划（土地开发、道路建设计划），地区产业政策等。在许多交通枢纽如深圳、武汉等地，在规划建设现代物流园区时，园区除提供物流用地外，还有税赋方面的减免，有助于降低物流企业的营运成本。

5.3 跨境电商配送中心运营管理

5.3.1 配送需求计划

DRP是配送需求计划（Distribution Requirement Planning）的简称。它是流通领域中的一种物流技术。它主要解决分销物资的供应计划和高度问题，达到保证有效地满足市场需要又使得配置费用最省的目的。

知识拓展

DRP应用

DRP主要应用于两类企业。一类是流通企业：储运公司、配送中心、物流中心和流通中心等；另一类是由流通部门承担分销业务的企业。这两类企业的共同之处是以满足社会需求为企业的宗旨，依靠一定的物流能力从制造企业或物资市场组织物资来满足社会的需求。

5.3.2 配送中心作业流程

配送中心作业流程如图 5-1 所示。

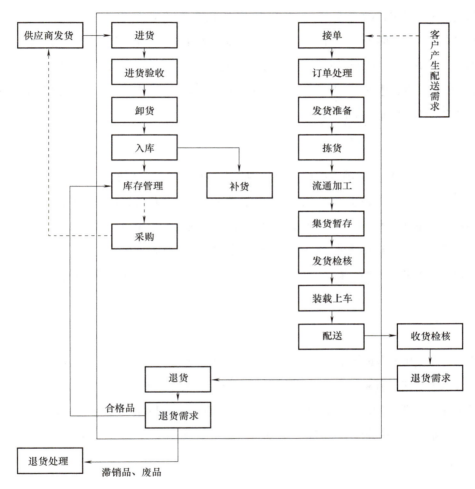

图 5-1 配送中心作业流程

配送中心的主要活动是进货、订单处理、补货、拣货、流通加工、配送和退货。先确定配送中心主要活动及其程序之后，才能对配送中心作业流程进行规划设计。有的配送中心还要进行流通加工、贴标签和包装作业。当有退货作业时，还要进行退货的分类、保管和退回等作业。

1. 进货

进货就是配送中心根据客户的需要，为使配送业务的顺利实施，而从事的组织货源和进行货物存储的一系列的活动。进货是配送的准备工作或基础工作，它既是配送的基础环节，又是决定配送成功与否、规模大小的环节，同时也是决定配送效益高低的关键环节。

2. 订单处理

从接到客户订单开始到着手准备拣货之间的作业阶段，称为订单处理。订单处理是企业与客户间接沟通的作业阶段，对后续的拣货作业、调度和配送产生直接的影响，是其他各项作业的基础。订单是配送中心开展配送业务的依据，配送中心接到客户订单以后需要对订单加以处理，据以安排补货、拣货、配货、配送等作业环节，订单处理方式包括人工处理和计算机处理。目前主要采用计算机进行订单处理。

3. 补货

补货是库存管理中一项重要的内容，相关人员根据以往的经验，或者利用相关的统计技术方法，或者依据计算机系统的帮助确定最优库存水平和最优订购量，并根据所确定的最优库存水平和最优订购量，在库存低于最优库存水平时发出存货再订购指令，以确保存货中的每一种产品都在目标服务水平下达到最优库存水平。补货作业的目的是保证有货可拣，是保证充足货源的基础环节。补货通常以托盘为单位，将货物从货物保管区移到拣货区的作用过程。

4. 拣货

拣货作业是相关人员依据客户的订单和配送中心的配送计划，迅速、准确地将货物从其存储位或其他区域拣取出来，并按一定的方式进行分类、集中，等待配送的作业过程。拣货过程是配送不同于一般形式的送货及其他物流形式的重要的功能要素，是整个配送中心作业系统的核心工序。拣货作业按分拣手段不同，可分为人工分拣、机械分拣和自动分拣三大类。

5. 流通加工

流通加工是配送的前沿，它是衔接货物存储和末端运输的关键环节。流通加工是指货物从生产领域向消费领域流动的过程中，流通主体（即流通当事人）为了完善流通服务功能、促进销售、保护产品质量和提高物流效率而开展的一项活动。流通加工的目的包括适应多样化的客户需求，提高商品的附加值，规避风险，推进物流系统化。

6. 配送

配送业务中的配送作业包含将货物装车并实际配送，而完成这些作业需要事先进行配送区域的划分和配送线路的安排，由配送线路选用的先后次序来决定货物的装车顺序，并在货物配送途中进行货物跟踪、控制,制定配送途中意外状况及配送后文件的处理办法。配送通常是一种短距离、小批量、高频率的运输形式。它以服务为目标,以尽可能满足客户需求为宗旨。

7. 退货

退货或换货在物流作业中是不可避免的,但应尽量减少。因为退货或换货的处理,只会大幅度增加物流成本,降低利润。发生退货或换货的主要原因包括瑕疵品回收、搬运中的损坏、商品送错退回、商品过期退回等。

5.3.3 配送中心线路优化

为提高配送效率,需要选择最佳的配送线路,并进行车辆的综合调度,以缩短配送距离、节约配送时间,进而降低配送成本。

1. 节约里程的基本原理

例如:设 P 为配送中心,分别向 A 和 B 两个用户配送货物,P 至 A 和 B 的直线运输距离分别为 S_1 和 S_2。

方案1:分别用两辆汽车对两个用户各自往返送货。则运输总距离为 $S=2(S_1+S_2)$。

方案2:若用户 A 和 B 之间道路可通行,运输距离为 S_3,则运输总距离为:$S=S_1+S_2+S_3$。

两种方案如图 5-2 所示。

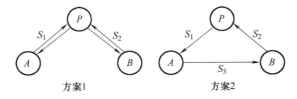

图 5-2 方案1和方案2

两个方案比较,方案2比方案1节约运输里程:$\Delta S = S_1+S_2-S_3$。

2. 按节约里程法指定配送计划

例 5-1:已知配送中心 P_0 向 5 个用户 P_1、P_2、P_3、P_4、P_5 配送货物,客户与配送中心、客户与客户之间的距离如图 5-3 所示,括号中的数字代表客户需求量,配送中心有 3 辆载重为 2t 的货车和 2 辆载重为 4t 的货车可供使用。

跨境电商物流

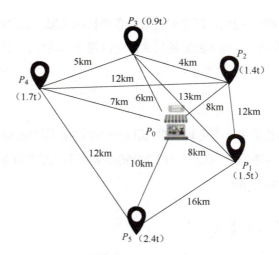

图 5-3 客户与配送中心、客户与客户之间的距离

第一步：确定最短距离，见表 5-1。

表 5-1 最短里程表　　　　　　　　　　　　　　　　　　　　　　（单位：km）

	P_0	P_1	P_2	P_3	P_4
P_1	8				
P_2	8	12			
P_3	6	13	4		
P_4	7	15	9	5	
P_5	10	16	18	16	12

第二步：计算节约里程。

如：P_1P_2 节约里程 $=P_0P_1+P_0P_2-P_1P_2=4$km，以此类推，得表 5-2。

表 5-2 节约里程表　　　　　　　　　　　　　　　　　　　　　　（单位：km）

	P_1	P_2	P_3	P_4
P_2	4			
P_3	1	10		
P_4	0	6	8	
P_5	2	0	0	5

第三步：节约里程排序，见表 5-3。

表 5-3 排序表

序号	路线	节约里程 /km
1	P_2P_3	10
2	P_3P_4	8

（续）

序号	路线	节约里程 /km
3	P_2P_4	6
4	P_4P_5	5
5	P_1P_2	4
6	P_1P_5	2
7	P_1P_3	1
8	P_2P_5、P_3P_5、P_1P_4	0

第四步：路线优化分析，如图 5-5 所示。

初始方案如图 5-4 所示。

配送线路 5 条，需要车 5 辆。

配送距离 =39km×2=78km。

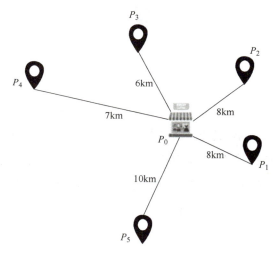

图 5-4　初始方案

优化后的方案如图 5-5 所示。

1. 运量 =2.4t+1.5t=3.9t<4t

运行距离 =8km+10km+16km=34km

用一辆 4t 的车。

2. 运量 =1.7t+0.9t+1.4t=4t

运行距离 =8km+4km+5km+7km=24km

用一辆 4t 的车。

配送线路 2 条，需要车 2 辆。

配送距离 =24km+34km=58km。

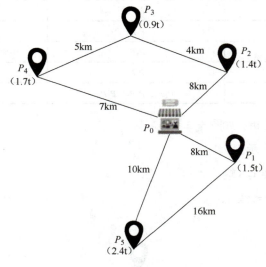

图 5-5 优化后的方案

本章小结

本章主要介绍了跨境电商配送的概念和特点、分类；跨境电商配送中心的概念与功能、设计原则及选址考虑的因素；配送中心运营管理，包括配送需求计划、作业流程和线路优化。通过本章的学习，读者能够理解跨境电商配送和配送中心的概念，掌握跨境电商配送分类，了解配送中心选址考虑的因素，结合实际选择最优配送中心线路。

课后思考题

一、简答题

1. 什么是配送和配送中心？
2. 配送中心的设计原则是什么？
3. 配送中心线路优化的步骤有哪些？

二、案例分析

2020 年 6 月 17 日，重庆首票跨境电商"前店后仓＋快速配送"业务实货测试已在两路寸滩保税港区"一带一路保税商品展示交易中心"顺利通过。

这一新业务充分利用了保税港区和贸易功能区政策优势，通过配送中心一站式接入，搭建跨境电商线上线下联动平台，从而顺利实现跨境电商体验式购物。该业务的顺利开展将开启重庆跨境电商"线上 + 线下"发展新时代，进一步扩大消费品进口，使市民享有更加优质快捷的购物体验；打消了消费者网购"看不见、摸不着"的顾虑，有效拉动内需，加快推动重庆国际消费中心城市建设，助推重庆市打造中西部地区的"一带一路"沿线国家进口商品网购保税配送中心、进出口商品集散分拨中心。

"前店后仓 + 快速配送"监管模式正式运行后，有利于建立便捷的货物通道，形成"审、验、放"一体化监管和商品"存、展、销"一站式经营，实现企业成本最低、通关时效最快、管理措施最优。区别于传统跨境电商业务，这一过程更可节约运费和电商企业的运营成本。

问题：

1. 什么是"前店后仓 + 快速配送"业务模式？
2. 简述跨境电商配送和传统跨境电商配送区别和联系。

第 6 章
海 外 仓

在跨境贸易电商中，海外仓服务是由网络外贸交易平台、物流服务商单独或合作为卖家在物品销售目的地提供的货品仓储、分拣、包装、派送一站式控制与管理服务。整个流程包括头程运输、仓储管理、本地配送三个部分，即卖家将要销售的货物存储在当地的仓库，当有买家需要时，仓库立即做出响应，并及时对货物进行分拣、包装以及递送。

本章学习目标

1. 了解海外仓的概念和优缺点
2. 熟悉海外仓选品定位与思路
3. 掌握跨境电商海外仓的几种不同模式
4. 能进行合理的海外仓产品选择

引导案例

易云仓携手深圳 D 灯具厂

国内深圳较知名的 D 灯具厂，主营 LED 灯管产品，主要销往美国和欧洲，原先是传统贸易形式走大量批发，在行业内已有近 10 年的销售经验，后为符合市场化需求，开设海外线上销售的电商模式，把线上、线下销售模式结合在一起运营，并在亚马逊上建立了多个店铺。

在得知易云仓可以帮助其在海外分销代发货，并且能省去自己在海外建仓的一系列费用后，D 灯具厂决定使用海外仓模式，把货物批量从国内运输到海外，来降低物流运输成本。首先让易云仓的物流顾问根据货物尺寸规格结合头程的货量和主要销往地点制作定制化物流方案，再根据实际客户的需求情况选择时效快或价格便宜的管道、灵活性的多种渠道，方便满足各种买家的要求。

由于易云仓管道有多种模式，不止零售，大货的托盘管道也一应俱全，且有跟踪单号，因此货物放在海外仓可根据不同的买家性质，以单件或整柜或托盘等形式运到客户手中，退货也能退在海外仓，方便多种模式共同运营，还节省了物流成本，发货时效大大提高，销量也翻倍增长。

提交订单都是在易云仓系统上操作，将亚马逊店铺的账户和系统与易云仓绑定后，就可以直接在易云仓客户端上抓取订单，无须手工提交，也大大节省了提交订单的人力资源，提单后发货的追踪单号会自动回传给亚马逊平台，让买家第一时间就知道店铺已发货，这样买家对店铺的信赖度也提高不少。系统还可以查看账户的消费明细、库存明细、出入库列表和订单列表，而且支持 Excel 导出，方便了公司财务和销售部门年底汇总等各个需求。现在 D 灯具厂还推荐了很多一起做外贸的朋友也使用易云仓服务，有时候做同种货物的朋友，在来不及补货的时期还可以使用库内交易等服务，进行货物周转，这样也多了一个分销渠道。

据客户统计，在开店三个月使用海外仓后销售额就有近 50% 的增长，因为使用了海外仓的优势，即使店铺中的定价比同行传统模式运输的价格提高了 10%，仍然在买家可接受的范围内，因此利润率也比之前增加了。目前 D 灯具厂使用海运的补货模式来降低物流成本，并又在其他平台开设了店铺，明年的计划是创立自建平台，将其与海外仓结合的运营模式会给公司带来更多的收益。

阅读以上案例，思考：

1. 什么是海外仓？
2. 海外仓有哪些优势？

案例来源：搜狐网

6.1　海外仓模式概述

不少电商平台和出口企业正通过建设海外仓布局境外物流体系。海外仓的建设可以让出口企业将货物批量发送至国外仓库，实现该国本地销售，本地配送。自诞生开始，海外仓就不单单是在海外建仓库，它更是一种对现有跨境物流运输方案的优化与整合。

6.1.1　海外仓的概念

在跨境贸易电商中，海外仓是指国内企业将商品通过大宗运输的形式运往目标市场国家，在当地建立仓库、储存商品，然后再根据当地的销售订单，第一时间做出响应，及时从当地仓库直接进行分拣、包装和配送。

知识拓展

海外仓兴起的原因

海外仓将会成为电商时代物流业发展的必然趋势，这是因为：

第一，海外仓的头程将零散的国际小包转化成大宗运输，会大大降低物流成本。

第二，海外仓能将传统的国际派送转化为当地派送，确保商品更快速、更安全、更准确地到达消费者手中，完善消费者跨境贸易购物体验。

第三，海外仓的退货处理流程高效便捷，适应当地买家的购物习惯，让买家在购物时更加放心，能够解决传统的国际退换货问题。

第四，海外仓与传统仓储物流相结合可以规避外贸风险，避免因节假日等特殊原因造成的物流短板，从而提高我国电商企业的海外竞争力，真正帮助电商企业提供本土服务，适应当地买家的消费习惯。

6.1.2 海外仓的优缺点

1. 海外仓的优点

（1）降低物流成本。跨境电商的物流包括国内物流、国内清关、国际运输、国外报关、国外物流等多个环节，物流成本占总成本的比例约为30%~40%。像邮政包裹与跨境物流专线对货物都有重量、体积、价值的限制，导致商家只能采用商业快递，而商业快递的价格普遍很高。海外仓的出现，不仅突破了物品重量、体积、价值的限制，而且其费用比国际快递商要便宜，一定程度上降低了物流成本。

（2）加快物流时效。从海外仓发货，可以节省报关清关所用的时间。按照卖家平时的发货方式，时效为：DHL 5~7天，FedEx 7~10天，UPS 10天以上。若是从海外仓发货，客户可以在1~3天收到货，大大缩短了运输时间，提高了物流的时效性。

海外仓发货时效快，回款就快。国内直发时效最快也要半个月，普遍都要一个月，平邮的话无妥投信息，回款就是3~4个月之后了。疫情暴发情况之下，面对资金回转更加困难的局面，海外仓的快速回款无疑是缓解卖家资金压力的最佳选择。

（3）提高产品曝光率。如果平台或者店铺在海外有自己的仓库，那么当地的客户在选择购物时，一般会优先选择当地发货，因为这样对买家而言可以大大缩短收货的时间，海外仓的优势成为卖家自己特有的优势，从而提高产品的曝光率，提升店铺的销量。

（4）提升客户满意度。当消费者下单后，商品从海外本地仓库直接发货，极大程度上缩短了配送时间，同时减少了中转，降低了破损丢包率；另外，在配送时使用的是本国物流企业，消费者也能实时查看物流消息；在退换货时，也可以在本国海外仓中直接进行，改善消费者体验。

（5）有利于开拓市场。海外仓更能得到国外买家的认可，如果卖家注意口碑营销，自己的商品在当地不仅能够获得买家的认可，也有利于卖家积累更多的资源去拓展市场，扩大产品销售领域与销售范围。

2. 海外仓的缺点

（1）必须支付海外仓储费。海外仓需要一定的仓储费，不同的国家费用不同。卖家在选择海外仓的时候一定要计算好成本费用，将其与自己目前发货方式所需要的成本对比，进行选择。

（2）库存量要求。存放在海外仓的前提条件是卖家需要有一定的库存量，也就是说需要备货，这样增加了风险，对于新手卖家和销售特别定制产品的卖家来说是不合适的。

不过，此次新冠病毒肺炎疫情暴发，很多卖家备货不足，断货使得卖家无货可卖，店铺原先积累的流量也付诸东流。反而是海外仓因为周期长、销售快等比国内备货库存多，有更多海外仓库存销售的卖家就会有比较出彩的表现。这也从另一方面说明卖家拥有海外仓的重要性。

（3）受服务商运营能力影响大，可控性差。海外仓受当地政策、社会因素、自然因素等不可控因素影响较大，海外仓的服务商只要在某个环节出现了问题，那就会很可能造成货物派送出现延误，甚至会造成仓库被查和货物被没收的情况。

（4）资金周转不便。选择海外仓需要投入大量的资金，如备货的资金、物流的资金、仓储资金等，这样会导致资金回流周期长，容易导致卖家资金周转不便，造成资金链断裂。

6.1.3 海外仓的功能

1. 代收货款功能

由于跨国交易存在较大的风险，因此为解决交易风险和资金结算不便、不及时的难题，在合同规定的时限和佣金费率下，海外仓在收到货物的同时，可以提供代收货款增值业务。

2. 拆包拼装功能

一般国际 B2C 跨国电子商务模式下，订单数量相对较小，订单金额相对较低，频率较高，具有长距离、小批量、多批次的特点，因此为实现运输规模效应可对零担货物实行整箱拼装业务运输。货物到达海外仓之后，由仓库将整箱货物进行拆箱，同时根据客户订单要求，为地域环境集中的用户提供拼装业务，进行整车运输或配送。

3. 保税功能

当海外仓经海关批准成为保税仓库时，其功能和用途范围更为广泛，可简化海关通关流程和相关手续。同时，在保税仓库可以进行转口贸易，以海外仓所在地为第三国，连接卖方和买方国家，这种方式能够有效躲避贸易制裁。在保税海外仓内，还可以进行简单加工、刷唛等相应增值服务，能有效丰富仓库功能，提升竞争力。

4. 运输资源整合功能

由于国际贸易 B2C 订单数量相对较小、频率较高，为了对国内仓库的上游供应商资源和国外仓库下游的客户资源进行更好的整合，满足物流高时效性的配送要求，分别将国内仓库作为共同配送的终点、海外仓作为共同配送的起点，实现对运输资源的有效整合，达到运输的规模效应，降低配送成本。

一般难以实现规模运输的产品，通过海外仓服务一方面可以实现集中运输，有效减少运输成本；另一方面，在海外通过共同配送，可以更好地搭建逆向物流的运输平台，提高逆向物流货品的集货能力，降低成本费用。因为，一旦逆向物流产生阻滞，企业将面临高额的返程费用和关税征收，而海外仓的建立可以在提高逆向物流速度的同时，增加客户满意度，提升客户价值。

6.1.4 海外仓操作流程及费用

1. 卖家前期准备

（1）在海外仓服务商提供的物流平台注册会员，开通后台账号，成为会员。

（2）在后台系统建立自己的产品信息单。

（3）备货。

（4）等候海外仓确认订单后的出货安排通知。

2. 海外仓使用流程

（1）卖家自己将商品运至海外仓，或者委托物流服务商将货发至服务商海外的仓库。这段国际货运头程可采取海运、空运或者快递的方式。

（2）卖家在线远程管理海外仓。卖家使用海外仓的物流信息系统，远程操作海外仓的货物，并且保持实时更新。

（3）海外仓根据卖家指令进行货物操作。海外仓利用自动化操作设备，严格按照卖家指令对货物进行存储、分拣、包装、配送等操作。

（4）系统信息实时更新。发货完成后系统会及时更新，以便卖家实时掌握库存状况。

3. 海外仓的费用

海外仓的费用主要包括头程运费、订单操作费、仓租费和海外本地派送费。

1）头程运费主要是指卖家将货物从国内运送至海外仓这段过程中产生的运费。其中包括国际海洋运费、国际航空运费、国际铁路运费和国际快递运费。

2）订单操作费主要是指产生海外订单后，该票货物出库的基本处理操作的费用。

3）仓租费是指货物租用仓库产生的费用，海外仓一般前30天是免仓租费的。如果要求海外仓提供更换条码、转仓、卸货、退还等增值服务，则还需要支付海外仓增值服务费。

4）海外本地派送费是指在海外本地派送时选择物流方式产生的费用，货物在海外本地派送可以选择邮政小包、商业快递等物流方式。

6.2 海外仓选品定位与思路

6.2.1 海外仓选品定位

海外仓选品是指卖家选择适合在海外仓内的产品，且产品符合当地买家的购物习惯及当地的市场需求。对于海外仓选品，不同的卖家有不同的策略。有的卖家倾向大尺寸、大重量的产品，有的卖家喜欢时效要求比较高的产品，还有的卖家偏向结构复杂、对售后要求比较高的产品。选品的内容分为以下四种类型：

A 类：日用快销品类。

B 类：国外市场热销的产品。这类产品批量送更具优势，可均摊成本。

C 类：体积大、超重的大件产品，国内小包无法运达或者费用太高的产品，如灯具、户外产品等。

D 类：国内小包、快递无法运送的产品，如危险产品、液体类产品等。

其中，A 类属于高利润、低风险，B 类属于低利润、低风险，C 类属于高利润、高风险，D 类属于低利润、高风险，如图 6-1 所示。

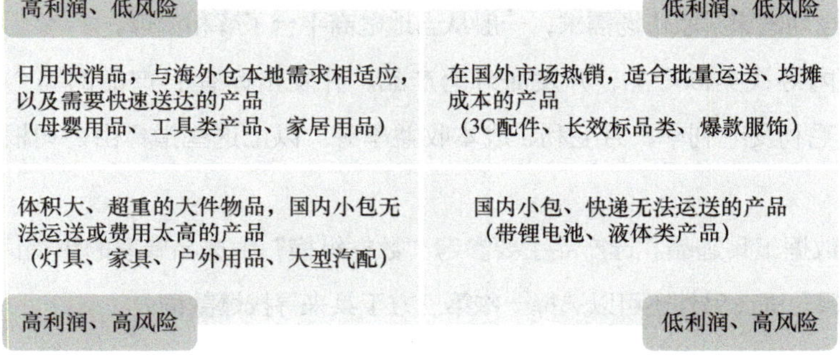

高利润、低风险	低利润、低风险
日用快消品，与海外仓本地需求相适应，以及需要快速送达的产品（母婴用品、工具类产品、家居用品）	在国外市场热销，适合批量运送、均摊成本的产品（3C配件、长效标品类、爆款服饰）
体积大、超重的大件物品，国内小包无法运送或费用太高的产品（灯具、家具、户外用品、大型汽配）	国内小包、快递无法运送的产品（带锂电池、液体类产品）
高利润、高风险	低利润、高风险

图 6-1 海外仓选品定位

高利润、高风险的最适合做海外仓品。低利润、低风险，低利润、高风险的都不适合做海外仓品，特别是 3C 这种产品利润不高，不适合做海外仓品。

理论上，海外仓可以使覆盖的产品无限延展，不再限于小包时代 2kg、不超过多少厘米总长等一系列限制。那些重物流产品（比如五金类、家具类、户外类等）特别适合做海外仓。如果产品还是小包时代的轻物流品类，而且产品 SKU 很多，无法对于热销产品预估，则可能就不适合选择海外仓。因为海外仓要求对于自己产品的销售有一个预判，然后提前囤货，以大货的形式发送到海外仓。但是这些都不是绝对的选择标准，还是要根据企业自身的具体情况来做决策。

总的来说，适合用海外仓的产品主要有：

（1）尺寸、重量大的产品。这些产品用小包、专线邮递规格会受到限制，而且使用国际快递费用又很高，使用海外仓会突破产品的规格限制和降低物流费用。

（2）单价和毛利润高的产品。这是因为，高质量的海外仓服务商可将破损率、丢件率控制至很低的水平，为销售高价值商品的卖家降低风险。

（3）货物周转率高的产品。这也就是我们常常所说的畅销品。对于畅销品，买家可以通过海外仓更快速地处理订单，回笼资金；对于滞销品，占用资金的同时还会产生相应的仓储费用。因此，相比之下，周转率高的商品会比较适合使用海外仓。

6.2.2　海外仓选品思路

海外仓的选品思路应该以当地买家的市场需求为基础来构建。

（1）确定哪个国家建立海外仓。在建仓的时候要选择可以覆盖周围市场的地方，比如在美国建仓可以覆盖加拿大；又如在欧洲建仓，有英国、法国、德国、西班牙和意大利等五个国家可以选择建仓，任选一个均能覆盖欧洲全地。如果基于专攻一个国家销售，则可以通过数据工具，如速卖通平台中的选品专家热销词来参考海外仓选址。

（2）了解当地国家买家市场需求，一般从当地电商平台了解和调查。

（3）在国内寻找类似产品，开发海外仓产品。开发指标有：产品的单个销量、单个到仓费用、单个毛利及毛利率、月毛利、成本收益率等。以上这些指标由公司根据自身情况来确定。

（4）运用数据工具选品。选产品主要参考"数据纵横"中选品专家的热销词、热搜词，搜索词分析中的飙升词。另外还可以选择一些第三方工具来寻找爆款词。

知识拓展

Wish 的选品

1. 选品匹配客户需求

卖家可以通过社交软件，潜入买家圈，了解客户的喜好和习惯，选择满足客户需求的那些商品；根据 Wish 前端，了解平台哪些产品卖得比较好，分析这些产品的特点和购买群体。

2. 利用数据精确选品

使用第三方数据分析工具作为辅助，用准确的市场数据赢得爆单。常用的数据分析工具有 Google Trends（谷歌趋势）和 Google Keyword Planner（谷歌关键词规划师）。

3. 布局自己的产品线

根据客户群特点，布局产品线，使不同的产品组合互补，降低机会成本，精细化运营，从而创造更佳的盈利能力。

4. 遵守 Wish 平台规则

出售产品是需要先经过平台审核通过的，遵循平台规则，利于对店铺的经营。

6.3 传统海外仓模式

传统海外仓模式有三种，分别是亚马逊 FBA 仓、第三方海外仓以及自营海外仓，自营海外仓如速卖通平台海外仓等。

案例拓展

顺丰海外仓

2019 年 7 月，应顺丰的邀请 20 余名来自全国各地的跨境电商企业代表们一同前往顺丰海外仓进行商务考察活动。

在此次活动中，顺丰首次对外开放了在欧洲的两大仓库——顺丰东欧仓和德国仓，展示了顺丰海外仓储运作、本地中转派送能力。跨境电商企业代表们亲临现场，零距离感受了顺丰文化，更深刻地了解了顺丰海外仓服务以及跨境电商供应链服务实力。此次商务考察，更进一步加深了跨境电商企业对顺丰海外仓的了解，坚定了其与顺丰探索更多合作空间的信心，同时，为企业进军欧洲市场提供了实地调研的机会。

在参观的过程中，跨境电商企业代表们目睹了上架、分拣、出库各个环节，各生产线均在忙碌但有条不紊地进行着。

顺丰通过供应链前置，运用专业的仓储管理体系和完善的物流服务，避免增加商品不必要的物流成本，从消费者所在地本土发货，缩短订单周期，完善用户体验，提升重复购买率，让卖家们的销售额突破瓶颈，更上一个台阶。

6.3.1 亚马逊FBA仓

1. FBA 的定义

FBA（Fulfillment by Amazon），中文翻译为亚马逊物流，是指卖家把自己在亚马逊上销售的产品库存直接送到亚马逊当地市场的仓库中，客户下订单，由亚马逊系统自动完成后续的发货。亚马逊 FBA 仓提供包括仓储、拣货打包、派送、收款、客服与退货处理的一条龙式物流服务。作为世界上最大的在线零售商，在美国的菲尼克斯（凤凰城），亚马逊最大的仓库有 28 个足球场大小。

FBA 仓的物流水平是海外仓行业内的标杆，FBA 仓的日发货量、商品种类、消费者数量都远远超过第三方海外仓，可以想象到 FBA 仓面临的巨大管理难度，但是除了运费贵、退货麻烦外，FBA 仓的物流几乎让卖家无可挑剔。

2. FBA 仓的服务流程

FBA 仓的服务主要包括以下五个流程：

（1）发送货物。卖家通过 FBA 头程运输服务商将货物发送到亚马逊海外仓库。

（2）接受并存储。亚马逊仓库接收并编录卖家货物信息。

（3）买家下单。买家搜索并购买卖家产品。

（4）分拣、打包产品。亚马逊利用先进的系统分拣、打包客户订单。

（5）配送及跟踪服务。亚马逊使用卖家选择的物流商配送产品，并为买家提供订单跟踪信息。

3. FBA 仓费用构成

FBA 仓费用包括仓储费、订单处理费、分拣包装费、称重处理费，以及其他服务费（如订单移除费、退货处理费、计划外预处理服务费等）。

简单来说就是：

FBA 仓费用 = 执行费（订单处理费 + 分装包装费 + 称重处理费）+ 仓储费 + 其他服务费

（1）仓储费

1）月度仓储费。其计算公式如下：

月度仓储费 = 应收取仓储费的商品数量 × 单位商品体积 × 对应月份单位体积仓储费

亚马逊一般会在次月 7—15 日收取上月的仓储费，仓储费根据商品尺寸分段和月份而不同，从 2018 年 4 月 1 日起，标准尺寸和超大尺寸商品的月度仓储费增加了 0.05 美元 /ft^3[①]。

2）长期仓储费。其计算公式如下：

长期仓储费 = 应收取时间段长期仓储费的商品数量 × 单位商品体积 × 对应时间段长期仓储费的单位体积收费。

最新亚马逊 FBA 仓政策为：从 2019 年 2 月 15 日开始，亚马逊下调长期仓储费，只对存放在亚马逊 FBA 仓中超过 365 天的产品收取长期仓储费

（2）订单处理费。订单处理费是按件计费。订单处理费（标准件物品）为：美国站 1.00 美元 / 件，英国站 0.82 英镑 / 件，德国、法国、意大利、西班牙四国 1.38 欧元 / 件。

（3）分拣包装费和称重处理费。分拣包装和称重处理都是按货物大小、重量计费。

（4）订单移除费。移除费按移除的每件商品收取。通常情况下，移除订单会在 10~14 个工作日内处理完毕。但是，在假日季和移除高峰期（2 月、3 月、8 月和 9 月），处理移除订单可能需要长达 30 天或更长的时间。

（5）退货处理费。退货处理费等于某个指定商品的总配送费用。该费用适用于在亚马逊上出售的属于亚马逊为其提供免费买家退货配送的选定分类并且实际被退回至某个亚马逊运营中心的商品，主要包括服装、钟表、珠宝首饰、鞋靴、太阳镜、箱包等类目。

（6）计划外预处理服务费。计划外预处理服务费是指一些个性化服务的费用。例如，一些运送到亚马逊的商品没有经过妥善处理或贴标需要特殊包装或销毁的，就需要亚马逊运营中心来实施计划外预处理，然后收取相应的预处理服务费。

4. FBA 仓的优缺点

（1）优点

1）提高页面排名，帮助卖家成为特色卖家，提高客户的信任度，提高销售额。

2）有丰富的物流经验，仓库遍布全世界，智能化管理（2012 年收购机器人制造公司 Kiva Systems）。

3）配送时效快（仓库大多靠近机场）。

4）亚马逊专业客服，提供 7×24h 客户服务热线，可以提高用户体验，解决卖家的客服问题。

5）减少由物流引起的差评纠纷。

6）对于单价超过 300 美元的产品可免除所有 FBA 仓费用。

---

① 立方英尺，1ft=0.3048m。

（2）缺点

1）成本较高，尤其是仓储费。

2）客服不到位，灵活性差（FBA 仓只能用英文和客户沟通，而且用邮件沟通回复不会像第三方海外仓客服那么及时）。

3）如果前期工作没做好，标签扫描出问题会影响货物入库，甚至入不了库。

4）容易造成退货率高，在使用 FBA 仓的时候，买家是可以无理由直接退货的，这就间接造成了产品退货率的上升。

5）价格高，FBA 仓并不提供清关服务，对于中国卖家来说需要自行解决清关问题。

6.3.2 第三方海外仓

1. 第三方海外仓的定义

第三方海外仓是指由物流服务商独立或共同为卖家在销售目标地提供的货品仓储、分拣、包装、派送的一站式控制与管理服务。卖家将货物存储到当地仓库，当买家有需求时，卖家第一时间做出快速响应，及时进行货物的分拣、包装以及配送。

跨境电商企业和海外仓企业合作方式有两种：跨境电商企业租用海外仓；跨境电商企业与其他企业合作建设海外仓。租用方式会存在操作费用、物流费用、仓储费用；合作建设则只产生物流费用。

2. 第三方海外仓的优势与劣势

（1）优势

1）有助于提高单件商品利润率。eBay 数据显示，存储在海外仓中的商品平均售价比直邮的同类商品高 30%。

2）稳定的供应链有助于增加商品销量。在同类商品中，从海外仓发货的商品销售量平均是从中国本土直接发货的商品销量的 3~4 倍。

3）海外仓采取的集中运输模式突破了商品重量、体积和价格的限制，有助于扩大销售品类。

4）海外仓所采取的集中海运方式大幅降低了单件商品的平均运费，尤其在商品重量大于 400g 时，采用海外仓的费用优势更为明显。这就有效地降低了物流管理成本。

5）稳定的销量、更多更好的买家反馈将提升卖家的账号表现。eBay 数据显示，使用海外仓可以使卖家的物流好评率提升 30%。

（2）劣势

1）存货量预测不准可能会导致货物滞销。

2）货物追踪如果存在差漏会导致丢失。

3）海外仓服务商本身要做本土化服务和团队管理是一大难题，这也会影响到卖家的服务需求。

但从出口形势来看，海外仓的需求越来越明显，而且很多卖家开始呼吁提供更多如加工、金融、客服等海外仓增值服务。

6.3.3　FBA仓与第三方海外仓的共同点与异同点

1. 共同点

（1）二者都需要卖家提前备货，都具有很好的仓储管理经验，无须卖家操心仓储与配送问题。

（2）二者都可以缩短配送时间，提升客户的满意度，对店铺的销售额增长有帮助。

（3）二者都需要卖家批量发货，发货的方式一般选择空运、快递、海运，能有效避免物流高峰。

（4）二者都可以为买家提供退换货服务。

（5）无论选择FBA仓还是第三方海外仓，卖家每月都需缴纳相关费用。

（6）产品在卖家的控制之外，但二者都有客服，让卖家知悉库存情况。

2. 异同点

（1）选品范围的差异。亚马逊FBA仓对选品的尺寸、重量、类别有一定程度的限制，所以选品偏向于体积小、利润高、质量好的产品；如果是选择第三方海外仓，选品范围比FBA仓的广一些，像体积大、重量大的产品也适合。换个说法，即能进入亚马逊FBA仓的产品必定能进入第三方海外仓，但能进入第三方海外仓的产品不一定能进入亚马逊FBA仓。

（2）头程服务的差异。亚马逊FBA仓不会为卖家提供头程清关服务；部分第三方海外仓服务商会给卖家提供头程清关服务，甚至还会有包含代缴税金、派送到仓的一条龙服务。

（3）对产品入仓要求差异。亚马逊FBA仓的入仓要求较为严格，需要卖家在发货前贴好外箱标签及产品标签，如果外箱或产品标签有破损，则会要求卖家先整理，然后才能进入FBA仓，且亚马逊也不提供产品组装服务。第三方海外仓的入库要求没有亚马逊FBA仓高，在上架前会提供整理、组装产品的服务。

（4）产品管理差异。亚马逊是默认分仓的，往往会将卖家的产品分散到不同的仓库进行混储；而第三方海外仓一般会将货物放在同一个仓库集中管理。

（5）适用范围差异。FBA仓只提供给在亚马逊平台上的卖家使用。而第三方海外仓则没这个要求，只要有货，无论在哪个平台售卖，都可以使用第三方海外仓。而且，第三方海外仓还具有中转作用，如果卖家同时使用第三方海外仓与 FBA 仓，旺季时可以直接从第三方海外仓调货到 FBA 仓，节省从国内发货的时间。

但是，第三方海外仓无法为卖家提供产品推广服务，需要卖家自己通过站内站外推广来增加曝光度，第三方海外仓不能提供售后与投诉服务，无法消除买家留下的中差评，此外，将货物放在海外仓也存在一定的安全风险。

6.3.4 自营海外仓

1. 自营海外仓的定义

自营海外仓是指由出口跨境电商企业建设并运营海外仓库、仅为本企业销售的商品提供仓储、配送等物流服务的物流模式。整个跨境电商物流体系由出口跨境电商企业自身控制，类似国内电商物流中的京东物流体系、苏宁物流体系。例如，外贸电商第一股兰亭集势 2014 年起相继在欧洲、北美设立海外仓，实现中国商品在海外本土发货，采取的就是自营海外仓模式。

2. 自营海外仓业务流程

出口跨境电商通过海运、空运或者快递等方式将商品集中运往本企业经营的海外仓进行存储，并通过本企业的信息系统下达操作指令。

步骤一：出口跨境电商将商品运至或者委托物流承运人将货发至本企业经营的海外仓。这段国际货运可采取海运、空运或者快递方式。

步骤二：出口跨境电商使用本企业的信息系统，远程操作海外仓储的货物，并且保持实时更新。

步骤三：出口跨境电商物流部门根据出口跨境电商的指令对货物进行存储、分拣、包装、配送等操作。

步骤四：系统信息实时更新。发货完成后，出口跨境电商的信息系统会及时更新以显示库存状况。

3. 适用范围

自营海外仓是由出口跨境电商企业建立以及运营的，是由出口跨境电商在国外新建的全新物流体系，因此，需要投入大量的资金，需要出口跨境电商企业具有较强的海外物流体系控制、运营能力。所以，自营海外仓适用于市场份额较大、实力较强的出口跨境电商企业。

知识拓展

速卖通海外仓

速卖通海外仓地区辐射北美、欧洲、大洋洲，具体包括美国、俄罗斯、澳大利亚、印度尼西亚、英国、法国、德国、意大利、西班牙共九个国家。海外仓的商品除了设置发货到海外仓本土范围外，还可以设置发货到这些国家相应的辐射地区。

速卖通平台对海外本地发货的商品提供大力支持，鼓励更多卖家备货到海外。海外发货商品将享受三大资源支持：

（1）海外发货商品在搜索及详情页都有专属标识，买家可以在搜索页一键筛选海外发货商品。

（2）平台针对不同国家举办专场活动，卖家商品支持海外本地发货及服务的即有机会入选美国、英国专场，以及美国聚划算等活动。

（3）平台还出资进行站外推广，对符合条件的商品单独进行搜索引擎营销、PPC⊖的推广营销等。

6.4 虚拟海外仓

1. 虚拟海外仓的定义

目前主流跨境电商企业 B2C 的发货模式主要有三种：直邮模式、传统海外仓模式以及虚拟海外仓。虚拟海外仓就是海外仓的虚变模式，虚拟海外仓相较于传统海外仓模式，少了仓储费，无须提前备货，灵活性较高，是很多中小型跨境电商企业的不二之选。

不仅如此，针对中小型跨境电商企业来说，特别是一些刚刚起步的跨境电商企业，前期没有资金实力，不想投入这么多的资本，但是又不知道怎么提高自己的市场竞争力，虚拟海外仓就是最佳选择。

案例拓展

深圳汇亿跨境物流

深圳汇亿跨境物流是专业从事美国虚拟海外仓的企业，在美国有三个仓库（分别位于达拉斯、旧金山和芝加哥）。这三个仓库基本可以形成三角形，覆盖美国大部分地方，大大优化了最后一公里的派送时效。深圳汇亿跨境物流和美国本土的邮政 USPS 签订了合作关系。

虚拟仓不需要仓库，但又可以实现美国本土发货的流程。因为不需要存货，所以不收取任

⊖ PPC 为 Pay Per Click 的简写，直译为每次点击付费。

跨境电商物流

何费用，而且还提供15天的免费退货库存服务，退货不收取任何费用。所以电商企业不但可以提升自己的实力和利润，而且还可以节省租用海外仓储的费用，实现本土化发货，这就是虚拟海外仓的优势。

跨境电商本土化是未来的发展趋势，跨境电商的门槛将会越来越高。对于一般跨境电商卖家来说，自建海外仓成本太过昂贵，风险也难以承受。因此，对于中小跨境电商卖家来说，想要达到海外仓的效果，可以使用虚拟海外仓，无须支付仓储费、处理费、末端配送费等，仅需要选择对适合的物流渠道即可。例如中欧包税包裹，可抵达欧洲26个国家，显示欧洲本地发货；还有中美专线，可以设虚拟海外仓从美国发货，使用起来都非常便捷。

2. 虚拟海外仓的优劣势

（1）优势

1）虚拟海外仓可以按平台的时效要求，做好整个流程的时效控制，以此来控制合适的物流成本。

2）显示本土发货，提高消费者的购买信心，增加销量。

3）提高产品的售价，可与当地的产品售价一致，增加产品利润。

4）可以在海外仓退换货，解决恶意退件问题。

5）不需囤货，无库存风险，无资金压力。

6）符合多SKU运营的模式。

7）无仓储费，方便随时应对国外政策变化，灵活性比较高。

8）减少风险，如前期投入成本风险、海外滞销带风险等。

（2）劣势

1）目前电商平台并不认可虚拟海外仓。

2）运输时效较慢、物流成本相对较高。

3）缺乏市场竞争力。

知识拓展

虚拟海外仓注意事项

（1）做虚拟海外仓的前提是不能缺货，而且要找到时效稳定的专线渠道。

（2）需要跨境商家在国内贴好尾程派送单。

（3）不是所有的商家都适合虚拟海外仓，需要长期囤货的还要需要海外仓。

本章小结

本章主要介绍了海外仓的相关概念、海外仓的选品定位与思路、跨境电商海外仓的几种不同模式。通过本章的学习，读者能够了解海外仓的概念和优缺点，熟悉海外仓的选品定位与思路，掌握跨境电商海外仓的几种不同模式，能进行合理的海外仓产品选择。

课后思考题

一、简答题

1. 什么是海外仓？
2. 简述海外仓选品的思路。
3. 传统海外仓主要模式有哪些？

二、案例分析

2019年3月21日，天猫国际在全球合作伙伴盛典上发布了2019年三大重点战略：升级直营业务，与平台业务一起组建"双轮驱动"模式赋能全球品牌；打造海外仓直购新模式，为海外"小而美"品牌构建全球供应链网；与淘宝直播、微博、小红书等多渠道联合，扩宽内容触达渠道，与多机构建立达人机制，为全球品牌打造内容化营销阵地。

2019年，天猫国际将打造海外仓直购新模式，构建全球供应链网，为"小而美"的海外品牌提供一条高效的绿色通道，使其快速进入中国市场。天猫国际已经帮助海外品牌打造了很多爆款，但全球还有很多好货没有进来。建立全球海外仓的目的，就是将这些好货带到中国。

据介绍，海外仓项目将孵化超过100个优质海外中小品牌，为中国消费者引进1000个全球趋势尖品。目前，天猫国际海外仓已经开通了美国仓、日本仓和韩国仓直购业务，欧洲仓也即将上线，上万欧洲潮流尖货将与中国消费者见面。未来，海外仓将结合Lazada和天猫出口业务，不仅能让海外商品卖到中国，让中国商品出口海外，还能通过天猫把日韩等国的商品卖到东南亚，实现全球买全球卖的愿景。

问题：

1. 海外仓都有哪些模式？天猫国际打造海外仓属于哪一种模式？
2. 天猫国际为什么要打造海外仓直购新模式？有什么意义？

第 7 章
跨境电商进口物流

跨境电商综试区是中国设立的跨境电商综合性质的先行先试的城市区域，旨在在跨境电商交易、支付、物流、通关、退税、结汇等环节的技术标准、业务流程、监管模式和信息化建设等方面先行先试，通过制度创新、管理创新、服务创新和协同发展，破解跨境电商发展中的深层次矛盾和体制性难题，打造跨境电商完整的产业链和生态链，逐步形成一套适应和引领全球跨境电商发展的管理制度和规则，为推动中国跨境电商健康发展提供可复制、可推广的经验。

本章学习目标

1. 熟悉跨境电商进口物流的直邮模式
2. 掌握多种跨境电商进口物流的保税模式
3. 掌握保税物流中心的库存管理
4. 熟练操作以直邮模式入境的包裹申报

引导案例

菜鸟全球供应链正式启动"海南跨境物流枢纽"建设

2020年12月29日，菜鸟全球供应链在海南自由贸易港正式启动"海南跨境物流枢纽"建设。该跨境物流枢纽项目，包括在自由贸易港建设多个保税仓与中心仓、运输网络与调度体系等，也包括一个服务于自由贸易港内加工贸易的海南全球加工中心。

来海南旅游的游客及海南本地消费者，除了能在免税店购买进口商品，也将能通过跨境网购海购，享受最快当日送达的物流体验。

菜鸟全球供应链此次在海南启动进一步的物流枢纽建设，将为自由贸易港内的跨境电商、加工贸易等行业提供综合性的物流服务，为海南自由贸易港成为国际国内双循环的重要枢纽提供助力。

某海购平台主播通过直播，向消费者推荐优质进口商品。这场直播所在的菜鸟跨境中心仓从11月起投入使用，从海南本岛发货、急速通关，让在海南的消费者享受跨境电商最快当日送达的物流服务。而在以前，从内地跨海发货，在海南的消费者收货需要3~5天。

这背后，是菜鸟对自由贸易港跨境电商全链路的物流支持：菜鸟全球供应链将进口商品从全球各大港口、机场调运至海南后，储存在菜鸟跨境中心仓内，商品报关使用的是菜鸟秒级通关技术。

正在建设中的海南自由贸易试验区，已经成为全球贸易、投资、旅游的焦点。开放自由的市场环境，吸引了世界500强企业和中小企业争相入驻。根据《海南自由贸易港建设总体方案》，对鼓励类产业企业生产的不含进口料件或者含进口料件在海南自由贸易港加工增值超过30%（含）的货物，进入内陆免征进口关税。这项加工贸易免税政策，吸引很多跨境商家咨询，如何才能将产业链迁入自由贸易港。

对于有意进入自由贸易港从事加工贸易的商家，菜鸟将依托跨境政策专业优势与规模效应，帮助商家用最低门槛享受自由贸易港政策，低成本、快速地完成进驻。

同时，菜鸟筹建中的海南全球加工中心，还将向这些商家提供跨境运输、智能仓储等服务。菜鸟全球供应链相关负责人介绍，菜鸟可将加工贸易的原材料从全球各个港口运至自由贸易港港口，秒级通关后，原料进入菜鸟共享原料仓，加工后的成品则可以进入菜鸟跨境中心仓，由跨境电商平台发货，到达内陆消费者手中。

阅读以上案例，思考：

1. 菜鸟全球供应链的优势有哪些？
2. 菜鸟跨境中心仓的备货流程是什么？

案例来源：菜鸟物流

7.1 直邮模式

7.1.1 直邮模式的含义与特点

直邮可分为跨境直邮和集货直邮，各平台常说的直邮通常是指跨境直邮。

1. 跨境直邮模式

跨境直邮是指消费者购买境外商品之后，商家在境外打包，以零售形式通过国际物流发货，并通过境内清关，将商品直接配送到消费者手中的物流方式。跨境直邮往往是进行三单对比的规范化的跨境电商企业对消费者（B2C）直邮，成熟的跨境进口电商平台为消费者提供了较为可靠的直邮购物保障。跨境直邮模式更适应消费者个性化、多元化的海淘需求，具有时效低、稳定性高、风险低等特点，跨境直邮模式如图7-1所示。

图 7-1 跨境直邮模式

案例拓展

京东印度尼西亚开通跨境直邮模式

2018年3月12日,京东物流联手沃尔玛在印度尼西亚市场开展全新跨境直邮全球购新模式,与此前的京东跨境物流印度尼西亚本地仓备货模式形成互补。

京东携手沃尔玛,依托沃尔玛全球海量商品及采购实力,在京东全球购平台上向印度尼西亚消费者提供新颖时尚的海外商品。顾客下单之后,京东向沃尔玛采购,再由京东物流国际供应链空运至印度尼西亚进行后续进口清关及当地派送服务。京东物流国际供应链的印度尼西亚本地仓备货作为互补的模式,会将需求旺盛的商品批量进口到印度尼西亚自营仓,消费者下单后,商品可立即从离消费者最近的仓出库,并快速送到消费者手上。

2. 集货直邮模式

集货直邮模式是跨境直邮模式的升级版,是 B2C 模式下的常用物流模式。集货直邮是商家在接到订单之后将货物集中存放在海外仓,达到一定包裹量之后再统一发回境内的模式。集货直邮模式如图 7-2 所示。

图 7-2 集货直邮模式

知识拓展

跨境直邮模式和集货直邮模式对比

跨境直邮模式和集货直邮模式都是有订单业务才发货，不提前在境内备货，在包裹入境时才需清关，由海关对其进行抽查。集货直邮模式相对于跨境直邮模式更能够适应跨境电商平台上不同销量、不同类型的卖家需求，最大限度地缩短全程物流时间，性价比大大提升。两者之间的区别如下：

（1）清关模式。跨境直邮模式下，确认订单后，境外供应商使用国际快递将商品直接从境外邮寄到消费者手里。如果商家使用机场快递清关，则四大商业快递自行报关；如果商家使用EMS清关，则可使用万国邮政联盟渠道或两地快递合作来进行报关，订单无海关单据。集货直邮模式下，商家对多个订单商品集货后运送到境内海关监管仓，办理正规海关通关手续，并经过海关查验后放行。每个订单均附有海关单据。

（2）抽检模式。跨境直邮模式下，对于单个快件，如果抽检到就要开包检查，抽检不通过将遭到退运。集货直邮模式下，部分口岸不进行国家出入境检验检疫，比如郑州口岸。

（3）售后服务。跨境直邮模式下，由于卖家的商品运送到消费者手里要经过多个不同主体节点，如果出现售后问题，将难以定责，因此一般不支持退换货、已发货退款等售后申请。集货直邮模式下，卖家的商品提前送至海外仓，根据平台反馈进行商品退、换、补货，能够解决一直困扰消费者的跨境售后服务问题。

7.1.2 直邮模式入境包裹的申报审批

跨境电商进口商品（含网购保税和直邮模式），必须满足《跨境电子商务零售进口商品清单》（简称正面清单）及清单备注要求；不在正面清单内的商品，不得以跨境电商方式进口。正面清单中的商品可免于向海关提供许可证。

知识拓展

正 面 清 单

正面清单即《跨境电子商务零售进口商品清单》，不在正面清单的商品将无法通过集货直邮模式或保税备货模式进行购买。按国家规定，此类商品需按一般贸易的货物要求核验报关单，需要提供原产地证、批文和商检标志，并配备中文包装。

对跨境电商直邮进口商品，按照海关邮寄物和快件管理相关文件规定实施检验检疫。

1. 包裹入境后的直邮申报

直邮模式是先订单后物流的形式，是基于跨境电商平台零售，入境采用包裹形式申报。

如果是直接从境外卖家直邮过来的包裹，则该包裹并不属于跨境进口零售电商的范畴，而是属于 C2C 模式，报关通过行邮申报系统，税率适用行邮税。

海外集货直邮模式如图 7-3 所示。

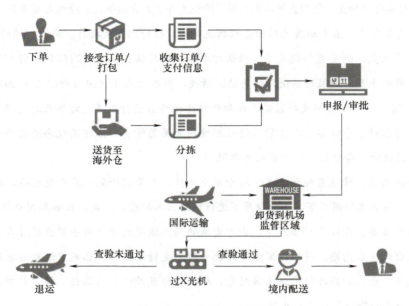

图 7-3　海外集货直邮模式

2. 三单对比

电商企业或个人可运用跨境电商通关服务平台进行分送集报、结汇退税。通过三单对比的模式，跨境直邮的时间将大幅缩减，消费者购买跨境商品将更快捷、更优惠。

申报系统对跨境电商平台发来的订单进行三单对比，包括订单信息、支付单信息、快递单信息。对比通过后，申报系统自动发起申报。

（1）订单信息包括订单号、购买人信息、商品列表、单价、实付金额、税额、支付单号、支付时间、支付人信息、收货人信息等。

（2）支付单是从支付机构获得的，包括支付单号、金额、支付流水号、支付人信息、手机号等信息。

（3）快递单是从物流企业获得的，包括订单号、运单号、快递公司名称、收件人信息等。

3. 新税率后税费的计算

（1）跨境电商综合税。跨境电商零售进口商品按照货物征收关税和进口环节增值税、消费税，购买跨境电商零售进口商品的个人作为纳税义务人，以实际交易价格（包括货物零售价格、运费和保险费）作为完税价格。

新税费的计算方法如下：

应征关税 = 完税价格 × 关税税率

$$\text{法定计征的消费税} = \frac{\text{完税价格}}{1-\text{消费税税率}} \times \text{消费税税率}$$

法定计征的增值税 =（完税价格 + 正常计征的消费税税额）× 增值税税率

应征消费税 = 法定计征的消费税 × 0.7

应征增值税 = 法定计征的增值税 × 0.7

（2）行邮税。行邮税是行李和邮递物品进口税的简称，是海关对入境旅客行李物品和个人邮递物品征收的进口税。行邮税的征收主要是针对入境旅客携带的行李物品和个人邮递物品中，超出海关规定的数量但仍可被认定为个人自用的物品征收的进口税。

行邮税的计算公式为

行邮税税额 = 完税价格 × 行邮税税率

最新的行邮税税率分以下三个档次：

第一档主要包含婴幼儿用品、食品饮料、保健品和家居用品，税率为 15%。

第二档主要包含个人护理用品、服装、电子商品、自行车、高尔夫配件、手表、皮肤护理用品等，税率为 25%。

第三档为化妆品等，税率为 50%。

部分商品的跨境电商综合税和行邮税的对比见表 7-1。

表 7-1 部分商品的跨境电商综合税和行邮税的对比

	商品类别	进口关税	增值税	消费税	行邮税
跨境电商综合税	婴幼儿用品、食品饮料、保健品和家居用品、个人护理用品	0	16%	0	11.2%
	服装、电子商品、自行车	0	16%	0	11.2%
	皮肤护理用品	0	16%	0	11.2%
	化妆品	0	16%	21%	25.5%
行邮税	婴幼儿用品、食品饮料、保健品和家居用品	15%	0	0	15%
	个人护理用品	25%	0	0	25%
	服装、电子商品、自行车	25%	0	0	25%
	高尔夫配件、手表	25%	0	0	25%
	皮肤护理用品	25%	0	0	25%
	化妆品	50%	0	0	50%

7.2 保税模式

保税模式是先从境外将商品大批量运至保税区存放，当订单发生时及时清关发货，到货时效快。一般销量比较大的商品会选择保税模式。在 2016 年正面清单发布后，保税仓可以备货的商品品类受到限制。

7.2.1 保税备货模式的含义与特点

1. 保税备货模式的含义

保税备货模式是指商品提前通过大宗进口备货于境内保税仓，在保税仓进行拆包、检验，待客户下单购买后分拣、打包和清关，再通过境内物流公司寄送到给消费者手中的物流方式。保税备货模式如图 7-4 所示。

图 7-4　保税备货模式

2. 保税备货模式的特点

保税备货模式物流时效性强，仅需 2~3 天。由于保税备货模式下销售的商品都存储在保税物流中心，因此，在消费者下达订单之后，保税物流中心将根据订单进行报关并拣货、包装，通关后直接将商品配送到消费者手里。

保税备货模式支持消费者退货到保税物流中心，消费者满意度大幅上升。对于消费者来说，通过跨境电商平台来购买境外商品没有后顾之忧。

7.2.2 保税物流中心

1. 保税物流的含义与特点

（1）保税物流的含义。保税物流是指保税业务经营者经海关批准将货物在税收保全状态（暂缓缴纳关税）下从供应地运到需求地的有效流动，包括采购、运输、存储、简单加工、增值服务、检测、分销、配送、流转、调拨等环节，以及为实现这一流动而进行的计划、管理、控制过程。

（2）保税物流的特点

1）系统边界交叉。保税物流货物在地理上是在一国的境内，从移动的范围来看应属于国内物流，但保税物流也具有明显的国际物流的特点，可以认为保税物流是国际物流与国内物流的接力区。

2）物流要素扩大化。物流的要素一般包括运输、仓储、信息服务、配送等，而保税物流除了具有这些基本物流要素之外，还包括海关监管、口岸、保税、报关、退税等关键要素，两者紧密结合构成完整的保税物流体系。

3）线性管理。一般贸易货物的通关基本程序包括申报、查验、征税、放行，是"点式"的管理；保税货物是从入境、存储或加工到复运出口的全过程，货物入关是起点，核销结案是终点，是线性的管理过程。

4）效率瓶颈性。在保税需求日益增长的情况下，海关的监管效率成为保税物流系统效率的瓶颈之一。

5）平台性。完善的政策体系、一体化的综合物流服务平台必不可少，集成商品流、资金流、信息流的物流中心将是保税物流的主要模式之一。

2. 保税物流中心的含义与功能

（1）保税物流中心的含义。保税物流中心是封闭的海关监管区域，并且具备口岸功能，分 A 型和 B 型两种。

A 型保税物流中心是指经海关批准，由中国境内企业法人经营、专门从事保税仓储物流业务的海关监管场所。

B 型保税物流中心是指经海关批准，由中国境内一家企业法人经营，多家企业进入并从事保税仓储物流业务的海关集中监管场所。

（2）保税物流中心的功能

1）保税仓储。实行"境内关外"的政策，在中心内形成相当宽松优惠的保税政策，即货物从境外进入保税物流中心不视同进口，只有从保税物流中心再进口境内时才视同进口；货物从境内到保税物流中心视同出口。由此形成了以保税仓储为核心内容的保税物流运作形式。

2）转口贸易。转口贸易是指进口商品未经加工又输往境外的贸易。在保税物流中心，转口贸易商利用价格差异，从买卖双方获取利益，不仅是中介人的身份，而且也是货主。一些著名的港口如新加坡港等，几乎都是起步于开展国际转口贸易。

3）入园退税。货物从境内进入保税物流中心视同出口，办理出口报关手续，企业按照国家税务总局的有关税收管理办法办理出口退税手续，按照国家外汇管理局有关外汇管理办法办理收付汇手续。

4）转厂服务。以手册报关方式进口的企业，其货物需要在其上下游企业之间转厂。但由于企业管理之类的多方面原因，很难满足海关对账册管理较为严格的要求。而当企业将其货物先运入保税物流中心，即视同出口，再进入境内视同进口转给下游企业就容易多了。

5）国际配送。保税物流中心可利用海关所赋予的特殊政策，对进口保税货物进行分拣、分配、分销、分送等配送分拨业务，或进行邻港增值加工后向境内外配送，逐步发展成为国际物流配送中心。

6）国际采购服务。保税物流中心可以通过引入跨境采购商建立全球化的采购系统，组织采购周边区域的货物出口，依托核心城市的制造能力及相应的全球物流供应链，促进商品出口，为制造业产品走向世界市场开辟一条绿色通道。

7）集装箱服务。保税物流中心提供必要的服务功能（包括堆场和集装箱货运站），主要功能是为集装箱货物提供临时堆场和拆拼箱服务。

8）简单加工及附加值服务。保税物流中心内可提供流通性简单加工和增值服务，包括对货物进行分级分类、分拆分拣、分装、计量、组合包装、打膜、刷贴标志、改换包装、拼装等辅助性简单作业。

9）物流信息处理。第三方物流企业适时向物流解决方案提供商转变，为客户提供个性化的增值服务，配合本项目提供的业务平台、信息平台及政策平台，开发出针对本地区企业物流需求的配套方案（包括物流信息系统解决方案、物流优化配送解决方案、物流供应链管理解决方案、一体化物流解决方案等）。

7.3 保税物流中心的出入库和库存管理

7.3.1 入库管理

当采购的境外商品通过国际物流运输到机场/港口，在与机场、港口海关交接后，货物装进海关监管车被送到保税物流中心码头。货主获得这单货物放行的报关单后，就可安排车队拿着载货清单提货了。

1. 通关申请需要三单对比

（1）跨境电商平台收到某货主的采购单数据后，需要准备通关申请资料，包括提供三单信息、装箱单、合同、发票，并且需要根据商品清单进行核查，以保证这单货物的商品都在正面清单里，否则，将会被退单。

（2）跨境电商平台关务人员根据收到的装箱单、合同、发票等资料及商品清单在跨境电商平台上制作通关申请，并随附商品清单。通关申请包括贸易方式、海关 HS 编码、中文品名、数量、常用单位、净重、金额、币制、原产地等。这里需要注意的是，这单货物的三单资料、通关申请资料要与系统上填写的通关申请必须一致。

（3）在中国国际贸易单一窗口录入报关单。

2. 保税物流中心入库流程

（1）海关放行后，保税物流中心收到货物，仓库收货人员对入库货品进行外包装、商品信息、数量的质检理货。

（2）海关会提前通知需要查验的货品，保税物流中心将待检货品暂存于仓库海关查验区，需要按照待验货品的批次、SKU、序列号分类摆放。

（3）如果海关处无异常，则保税物流中心将对所有待上架货物粘贴溯源码，按照理货清单进行实际收货上架操作。

（4）与货主确认实际收货后，将最终的入区收货数据提交给跨境电商平台。

保税物流中心的货物入库流程如图 7-5 所示。

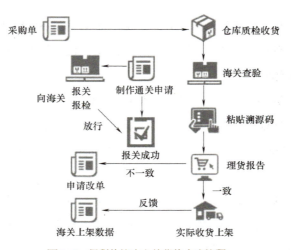

图 7-5 保税物流中心的货物入库流程

3. 特殊情况处理

（1）如若遇到预入库信息与实际到货不符，处理原则如下：

1）到货数量少于预入库单预期数量，需要通知货主，根据与货主的沟通适当处理。

① 补货。下次到货补发，需明确补货到达的时间、单号，并且在补货到达前该批商品不可销售，即商品处于冻结状态。

② 申请改单。同时修改海关提单并取消系统原错误的采购订单，重新下发正常的采购订单。

2）到货数量大于预入库单预期数量，数量一致的部分按正常收货，多出部分通知货主，以进行适当处理。

① 仓库临时收存，记录相应的货主、报检号、入库时间、货品、条码、库位等存放信息。

② 申请改单，同时修改海关提单并取消系统原错误的采购订单，重新下发正常的采购订单。

（2）如果实际入库的商品数量与申报时的采购数据不符，则跨境电商运营方可以向海关申请改单，其保税物流中心需向海关申请到仓查验清点，通过申报平台更改报关单、通关申请，并更改相关的进仓单、采购单、防伪溯源码、备案信息等信息。

4. 入库商品信息的完整性对入库的影响

（1）同一款商品有多个商家供货。对于平台类的电子商务，不同商家出售同一款商品的情况非常多，仓库工作人员可以建立不同的SKU，并将商品放置在相邻库位上；也可以建立同一个SKU，相同商家的同款商品入库时贴特殊标记。不管用什么方式，都需要在入库登记和出库复核时进行有效跟踪。

（2）对食品进行有效期管理。由于食品类商品的有效期关系到食品安全层面，因此有效期管理非常重要，包括商品本身的有效期、入库时间等。这便于跨境电商营销团队针对处于不同有效期阶段的商品制定促销策略。

（3）商品信息需要包括入库订单的报检号信息，方便后续出库时进行清关。

（4）对商品的批次处理。一般对于同一SKU下的商品，会根据一定的批次属性进行先进先出操作。这就是出货时要考虑的库存周转规则。这里的批次属性可以是入库时间、报检时间、失效日期等。

（5）商品包装。商品的长、宽、高要小于库位的长、宽、高，商品的包装数据关系到出库拣货时针对多个单品订单的整箱拣货方式的实现。为了实现更加精细化的管理，某些跨境电商平台希望能够记录商品的单个重量及包装盒等的重量，以简化或取消出库时的称重环节。

（6）商家数据。如果是跨境公共仓，则该仓库一定要关注商家是否备案；如果是跨境自营仓，则不需要考虑这方面。

5. 高危商品的监管和上架

针对高危商品（如进口食品），要对所入库的物流中心运营商进行资质备案，对入库上架的商品进行抽查。

其中，保税进口食品若在《进口商品境外生产企业注册实施目录》内，且产品仅通过保税模式进口的，其境外生产企业应当向国家认监委（全称为中华人民共和国国家认证认可监督管理委员会）或者所属海关申请注册，或由受其委托的境外生产企业在华分支机构、与境外生产企业合作的跨境电商经营企业代为申请注册。

很多情况下，保税物流中心都会设置一个恒温区作为食品、化妆品监管区域，该区域包括单独的存储区和零拣区域，一般温度控制在20℃左右。

6. 奢侈品的上架

针对奢侈品，通常会在保税物流中心内部设置高价值区域，并由专人管理。奢侈品的入库过程会采取一件一码的方式进行管理，即每个商品有唯一的身份标识，以满足追踪的要求。

7.3.2 库存管理

1. 库存转移

库存转移是指货物的批次属性、货主所有权的转移，以实现库存在不同货主之间的转移。库存转移信息需要同步提供给海关申报平台，以保证海关的及时监管。

2. 库存冻结

库存冻结是指在某些情况下，会不允许对仓库中的部分货品进行出库操作。例如，某批次产品过了保质期，或者需要等待检验批文才能出库，甚至货主通知某些货品暂时不能出库等。

保税物流中心每天对各货主（或商家）的库存货品进行循环盘点，如存在库存差异，仓库即申请库存冻结，经客户确认后，双方在系统中冻结差异库存，但不进行库存调整。

针对入库时到货数量少于预入库单预期数量的情况，一般由于改单流程的复杂性，都会采用供货商补货的形式，这时已到货商品将正常上架，但为库存冻结状态，无法销售。

3. 界定拣货区补货范围

补货是当存储区与拣货区分离时，从存储区向拣货区补货以满足拣货需要，属于库存移动。补货通常包括两种策略：一种是由拣货位的库存下限自动触发补货任务，即低于安全库存时进行补货；另一种是订单驱动补货，即拣货位数量小于拣货单商品数量时触发补货任务。

4. 确定清库存活动的品类范围

仓管人员根据商品在库的库龄、临近失效日期、库存超出库存上限等进行库存余量查询，确定清库存活动的品类及促销策略。定期对库存进行不同角度的管理查询，定期进行清库存活动，能够有效预防库存周转不可控问题。

另外，对部分品类商品的季节性、节日性促销，也可大大提高库存周转率，为有限仓库的高利用率提供可能。

5. 商检的货品的存放

当货品出库进入分拣阶段时，商检会随机抽检包裹，并将其放置在指定区域，即抽检包裹暂存区。

6. 库存与海关台账不符的处理

仓库定期进行内部盘点工作，当盘点发生差异时，需要与海关系统查询比对，如有数据差异，先查询是否有报关单未完成海关办结手续；如数据确实不符，则需要通过报关的方式，以一般贸易的方式进行申报和纳税，以调整仓库库存与海关库存的差异。

如果库存和海关台账不一致，则需要从以下几个方面查找原因：

（1）入库时海关上架。仓库根据理货清单完成上架后，订单管理员需要在系统中手动关闭入库单，反馈数据到海关系统，完成海关上架。

（2）出库时快递公司在海关卡口处核注。出库时将快递单交给快递公司，快递公司需要到海关卡口处核注，核注后，海关台账扣减。因此，快递出区时卡口处核注关系到海关台账的同步扣减。

7. 跨境自营仓中不同商家间的库存转移

在跨境自营仓中，不同的入驻商家就像一个商店的不同柜台一样。如果里面不同商家的 SKU 有重合，而某个商家缺货了，另一个商家有存货，则可通过库存转移来互相调拨存货。

7.3.3 出库管理

保税物流中心只对三单对比无异常的订单进行拣货出库作业。

1. 跨境申报系统对订单进行三单对比

（1）订单中实付金额应等于对应的支付单金额。

（2）所有在跨境电商平台上购买商品的消费者都需要身份认证。

（3）每人每年累计消费限额为 2.6 万元，单次交易限值为 5000 元。

（4）将订单中的支付流水号与支付企业传来的支付单做匹配。

（5）虽然信任支付企业传来的身份证信息，但还是会抽调去公安部接口做实名认证，匹配身份证号与姓名。

（6）海关还会控制每个身份证的购买频率、重复购买率、收件人地址出现的频率来规范"个人合理自用"的要求。

2. 出库流程

（1）申报系统针对跨境电商平台提交的订单数据进行三单对比规则校验。

（2）通过校验后，申报系统将三单对比无异常的订单信息发送给保税物流中心，保税物流中心可以进行出库申报。

（3）海关清关。货物分批进入海关进行 X 光机查验，无问题，则缴税清关，海关放行。对于存疑货物，则需要开箱查验：确认无问题，重新打包，正常缴税清关，海关放行；如有问题，则需要补充申报，涉及违规夹带走私的，需要转交给海关缉私部门。

保税物流中心的出库流程如图 7-6 所示。

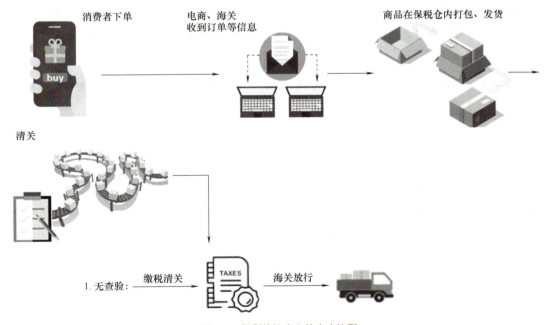

图 7-6 保税物流中心的出库流程

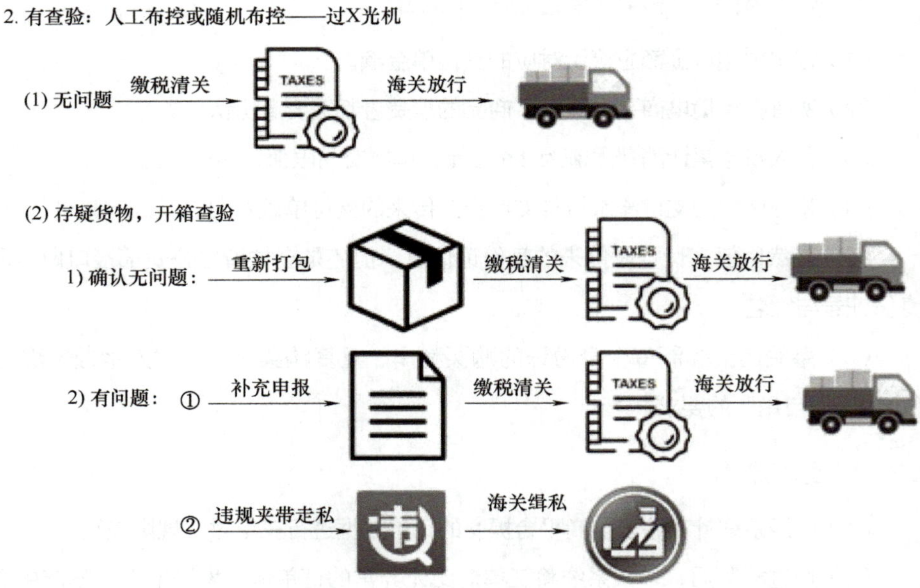

2. 有查验：人工布控或随机布控——过X光机

(1) 无问题 → 缴税清关 → 海关放行

(2) 存疑货物，开箱查验
1) 确认无问题：重新打包 → 缴税清关 → 海关放行
2) 有问题：① 补充申报 → 缴税清关 → 海关放行
② 违规夹带走私 → 海关缉私

图 7-6　保税物流中心的出库流程（续）

知识拓展

出库申报单

出库申报单由跨境电商平台根据订单信息生成，并向海关申报。出库申报单包括申报单号、订单号、电子商务平台、下单时间、金额、税额、运费、买家身份信息、联系方式、商品备案货号、商品名称、数量、快递单号等。出库申报单需要同时包括订单信息、支付单信息、物流信息。

订单中必须包含买家的姓名、联系方式、证件信息，便于海关对个人单笔或全年免税限额进行计算。

本章小结

本章主要介绍了跨境电商直邮模式和对以直邮模式入境的包裹的申报以及保税模式和保税物流中心的库存管理。通过学习，读者能够熟悉跨境电商进口物流的直邮模式；掌握多种跨境电商进口物流的保税模式；理解保税物流中心的库存管理；熟练操作以直邮模式入境的包裹申报。

课后思考题

一、简答题

1. 什么是集货直邮模式？
2. 什么是保税备货模式？

二、案例分析

2009年年底成立、2011年上线的洋码头是一家面向中国消费者的跨境电商第三方交易平台。该平台上的卖家可以分为两类：一类是个人买手，即C2C模式；另一类是商户，即M2C模式。洋码头帮助国外的零售产业与中国消费者对接，让海外零售商将商品直销给中国消费者，让中国的消费者能够直购，而中间的物流是直邮，因此是三个直："直销、直购、直邮"。

2020年7月21日，进口跨境电商平台洋码头重磅启动会员制社交电商全球优选，并推出全行业首个合伙人制度。据了解，全球优选是在洋码头多年的跨境电商供应链、物流、商品、服务、个体IP价值打造等经验沉淀的基础上，全新推出的会员制社交电商。全球优选将全面赋能会员，通过社交触达用户，将全球优质好货及与世界同步的折扣价带给消费者，实现全球优选让世界同价的使命。

洋码头选择在海外建立仓库，并自建国际物流公司——贝海国际，帮助美国商家把商品国际直邮送往中国消费者手中。该流程为，中国消费者在洋码头平台上点击购买之后，美国商家或是个人买手就可以把订单打包后发到洋码头在海外搭建的仓库货站，再委托贝海国际速递直接国际直邮配送到中国消费者手中。

在整个交易及国际配送过程中，消费者可以通过网站后台、短信、邮件全程跟踪整个订单及国际包裹的实时状态，例如海外仓库配货打包、国际直邮发往国内、入境海关报关报检等，包括海淘之前普遍模糊的海外快递部分，消费者都可以非常详细地了解。在这其中，洋码头做了一件非常重要的事，就是通过系统的对接，把整个过程中不同碎片化的服务商整合并且打通。

系统化不仅是指订单处理、面单生成这样最基本的仓储配货层面操作，洋码头所强调的更加是对整个供应链的上下游系统的无缝对接。从用户下单开始，海外商家的ERP系统内就将来自中国客户的订单进行自动化处理，海外仓储配货系统同时就会针对订单进行配货打包，而全程所有的订单信息及物流信息都会通过洋码头官方物流服务商贝海国际速递，来对接中国海关的清关系统和境内物流合作伙伴。

洋码头这种创新性的做法简化了整个过程，环节的无缝对接最大限度地提升了服务效率。而

跨境电商物流

最终的结果就是，通过洋码头平台选择直购、直邮的海外购物节奏非常快，消费者往往下单付款4~7天之后就能收到由海外直邮回来的包裹，较一般海淘的半月甚至月度周期相比，具有巨大的优势。

问题：
1. 洋码头的配运模式是什么？
2. 阐述在收货物流速度和退换货方面，跨境直邮模式、集货直邮模式、保税备货模式的不同之处。

第 8 章

跨境电商出口物流

物流是跨境电商流程中最重要的一部分，选择合适的物流方式，不仅可以节省成本，还可以极大地提升客户体验。中国出口的跨境电商 70% 的包裹是由邮政系统投递的，其中中国邮政占据 50% 左右。在国际电商中，使用国际物流是非常频繁的。目前市场上较为主流的国际商业物流主要有 TNT、UPS、FedEx、DHL 四大国际物流快递。商业快递的特点是自己建的网络可覆盖全世界，并且拥有强大的 IT 系统和遍及全球的本地化服务，给消费者带来了很好的物流体验。专线物流能够集中大批量到某一特定国家或地区的货物，通过规模效应降低成本，是比较受欢迎的一种物流方式。

本章学习目标

1. 掌握跨境电商出口物流模式
2. 了解中欧班列
3. 了解出口市场风险管理

引导案例

货兜物流平台

货兜是一家致力于帮人们提高寄件效率的物流聚合平台，根据收货地、货物基本信息和时效性等要求给用户推荐高性价比的方案。作为国际物流聚合平台，货兜不赚取任何中间差价，只做提高发货效率的加速器。2016 年 11 月，货兜联合欧洲航空首次推出包机服务——WEA 欧洲 FBA 专线。货兜 WEA 欧洲 FBA 专线的物流路线是中国香港地区—捷克—欧洲五国（英国、德国、法国、意大利、西班牙）。通常情况下，每天提取的快件都会在当日处理完毕，并在第二天就完成目的国的清关手续。货物抵达欧洲五个目的国后，将由货兜严格筛选出来的有实力、有信誉的快递公司进行最后的投递工作，总运输时效平均为 4~7 个工作日。

货兜国际物流平台目前已经筛选了 100 多家优质的物流供应商入驻，整合了 10 000 多条国际物流方案，每条方案都具有自身的优势，可以发往全球 200 多个国家和地区，并且提供全国

5000个网点免费上门取件服务。目前业务覆盖商务快递、电商小包、FBA等主要热门领域，基本上每个跨境电商用户都可以在上面找到适合自己的物流方案。平台支持自定义查询物流方案，可根据用户自身货物的特点，结合指定的目的地国家，在后台数据库计算后，为用户返回最适合的物流方案，这个过程不到1s就可以完成。同时平台还支持批量下单、打单、付款和自动获取转单号等功能。

阅读以上案例，思考：
（1）货兜平台的最大优势是什么？
（2）在互联网共享时代，你觉得未来的跨境专线物流会朝着什么样的方向发展？

案例来源：货兜网站

8.1 邮政物流

邮政，顾名思义就是从事邮递服务的机构或系统，早在远古时期就已经出现。16世纪，邮政超越了国界，出现了国际邮政业务，到18世纪，邮政最终变成公务机构，并逐渐向现代邮政发展。

8.1.1 认识邮政物流

1. 万国邮政联盟

万国邮政联盟（Universal Postal Union，UPU），简称万国邮联或邮联，是商定国际邮政事务的政府间国际组织，其前身是1874年10月9日成立的邮政总联盟，1878年改为现名。该组织于1978年7月1日起，成为联合国一个关于国际邮政事务的专门机构，总部设在瑞士首都伯尔尼。万国邮联徽志如图8-1所示。

图8-1 万国邮联徽志

万国邮联是世界上第二古老的国际组织，仅次于1865年成立的国际电信联盟。万国邮联的徽志是为庆祝万国邮联成立25周年伯尔尼竖立的雕塑的复制图像。该雕塑表示地球上代表五大洲的五个人像传递书信。

万国邮联的宗旨是：以万国邮联的名义组成一个邮政领域，以便互相交换函件；组织和改善国际邮政业务，并在这方面便利国际合作的发展；在力所能及的范围内参与会员所要求给予的邮政技术援助；转运自由在整个万国邮联领域内得到保证。

知识拓展

世界邮政日

1840年，英国建立了一套面向公众、统一收费的信函传递系统，并发行了世界上第一枚邮票——黑便士，开始发展现代意义上的公共邮政事业。当时，国与国之间的信函交换系统仍然混乱不一，与各国贸易往来的飞速发展不相适应，人们迫切希望能够建立一套简单方便的国际邮件交换系统，以保证邮件不受国界等因素的限制而自由流通。

1874年9月15日至10月9日，德国、法国、英国、罗马尼亚、瑞士、美国等22个国家的代表在瑞士伯尔尼举行全权代表大会，签署了第一个国际性的邮政公约，即《伯尔尼条约》，成立邮政总联盟。1878年5月，邮政总联盟在巴黎举行第二届代表大会，由于加盟国家迅速增加，邮政总联盟正式更名为万国邮政联盟，同时修订了《伯尔尼条约》，改名为《万国邮政公约》。每年的10月9日由此被定为"世界邮政日"。

2. 中国邮政物流

中国邮政集团公司于2019年12月正式改制为中国邮政集团有限公司。中国邮政集团有限公司是依照《中华人民共和国公司法》组建的国有独资公司，公司不设股东会，由财政部依据国家法律、行政法规等规定代表国务院履行出资人职责，公司设立党组、董事会、经理层。公司依法经营各项邮政业务，承担邮政普遍服务义务，受政府委托提供邮政特殊服务，对竞争性邮政业务实行商业化运营。

中国邮政集团有限公司经营业务主要有：国内和国际信函寄递业务；国内和国际包裹快递业务；报刊、图书等出版物发行业务；邮票发行业务；邮政汇兑业务；机要通信业务；邮政金融业务；邮政物流业务；电子商务业务；各类邮政代理业务；国家规定开办的其他业务。

中国邮政速递物流股份有限公司（简称中国邮政速递物流）是经国务院批准，由中国邮政集团公司作为主要发起人，于2010年6月发起设立的股份制公司，是中国经营历史最悠久、规模最大、网络覆盖范围最广、业务品种最丰富的快递物流综合服务提供商。

中国邮政速递物流主要经营国内速递、国际速递、合同物流等业务，国内、国际速递服务涵盖卓越、标准和经济不同时限水平和代收货款等增值服务，合同物流涵盖仓储、运输等供应链全过程，拥有享誉全球的EMS特快专递品牌和国内知名的CNPL物流品牌。

案例拓展

北京邮政与中国华录集团达成战略合作

2021年2月3日,中国邮政集团有限公司北京市分公司与中国华录集团有限公司签署战略合作协议。根据协议,将进一步深化双方在市场开发、技术研发等领域的合作,促进共同发展,明确建立长期、稳定、互惠、互利的全面伙伴关系。

具体来说,双方将发挥各自核心优势,即中国华录集团发挥在文化内容产业全产业链、技术平台开发、硬件制造等方面的优势,北京邮政发挥在寄递物流、金融、电商渠道、文化传媒等方面的优势,本着优势互补、平等互利、共同发展的原则开展深入合作,实现双方企业的共同发展。

协议签订后,北京邮政将与中国华录集团在企业文化、运营与技术服务、企业品牌宣传、影视宣传发行、仓储快递物流、金融服务、渠道平台等多个层面开展合作。

8.1.2 中国邮政物流产品

1. EMS

(1)EMS 简介。EMS(Express Mail Service)即特快专递邮件业务,是由中国邮政速递物流与各国(地区)邮政合作开办的寄递特快专递邮件的服务。中国邮政将引入战略投资者,启动首次分开发行(Initial Public Offering,IPO),确保成功上市。但是是整体上市还是拆分 EMS 单独上市目前还不确定。

(2)EMS 说明

1)EMS 规格限制。单件货物不能超过 30kg,每票货只能走一件;货物单边长度超过 60cm(含 60cm)需要按照体积重量计费,体积重量计算公式为

$$体积重量 = 长(cm) \times 宽(cm) \times 高(cm) \div 8000$$

2)EMS 快递查询。EMS 具备领先的信息处理能力,凭借与万国邮政联盟查询系统链接,可实现 EMS 邮件的全球跟踪查询。通过邮件跟踪与查询服务,可以实时了解交寄邮件的全程信息,对签约客户可以提供邮件实时信息的主动反馈服务。

3)EMS 承诺时限。EMS 国际快递的投递时间通常为 3~8 个工作日(不包括清关的时间)。由于各个国家及地区的邮政、海关清关时间长短不一,有些国家和地区的包裹投递所需时间可能较长。

(3)EMS 优劣势

1)优势

①投递网络强大,覆盖范围广,价格较为便宜,以实际重量计算,不算抛重。

② 享有优先通关权，且清关时可不用提供商业发票，通关不过的货物可以免费运回国内，而其他快递一般要收费。

③ 比较适合小件的物品，以及时效性要求较低的货物。

2）劣势

① 相对于商业快递来说，速度较慢。

② 查询网站信息更新不及时，出现问题后只能做书面查询，耗费的时间较长。

③ 不能一票多件，运送大件货物价格较高。

2. ePacket

（1）ePacket 简介。ePacket 俗称 e 邮宝，又称 EUB，是中国邮政速递物流为适应跨境电商轻小件物品寄递需要推出的经济型国际速递业务，利用邮政渠道清关，进入合作邮政轻小件网络投递。国际 e 邮宝业务已经开通美国、澳大利亚、英国、法国、乌克兰、俄罗斯、以色列、沙特阿拉伯等路向，也称为美国专线、澳大利亚专线、欧洲专线、俄罗斯专线、中东专线等。

（2）epacket 说明

1）跟踪查询。卖家可以登录中国邮政官方网站或者拨打客服电话 11183 查询 ePacket 的资费标准和物流环节。卖家需要注意，中国邮政未对 ePacket 做出承诺时限。e 邮宝业务资费见表 8-1。

表 8-1　e 邮宝业务资费

路　向	处理费 + 包裹运费	上门揽收费	挂号费和退还费	时　效	备　注
美国	7元/件+0.08元/g（国内一区） 9元/件+0.09元/g（国内二区） 10元/件+0.1元/g（国内三区）	少于5件5元/次 5件及以上免收	免	7~10个工作日	起重60g，不足60g按60g收取
俄罗斯	10元/件+0.1元/g			7~10个工作日	
加拿大	25元/件+0.07元/g			7~10个工作日	
英国	25元/件+0.07元/g			7~9个工作日	
法国	26元/件+0.07元/g			7~10个工作日	
澳大利亚	25元/件（≤500元/g）+0.07元/g 30元/件（>500元/g）+0.08元/g			7~15个工作日	
以色列	22元/件+0.07元/g			7~10个工作日	
沙特阿拉伯	26元/件+0.05元/g			7~10个工作日	
乌克兰	8元/件+0.1元/g			7~10个工作日	

2）递送时效。以美国为例，正常情况下 e 邮宝 7~10 个工作日即可完成妥投工作，在国内段使用 EMS 网络进行发运；出口至美国后，美国邮政将通过其国内一类函件网投递邮件。通关采用国际领先的 EMI 电子报关系统，保障用户投递的包裹迅速准确地运抵目的地。

3）规格限制。国际 e 邮宝主要寄递的商品是价值在 15~50 美元，单件质量在 2kg 以内的 3C、首饰、服装类别商品。

① 最大尺寸

非圆筒货物：长 + 宽 + 高 ≤ 90cm，单边长度 ≤ 60cm。

圆筒形货物：直径的两倍 + 长度 ≤ 104cm，单边长度 ≤ 90cm。

② 最小尺寸

非圆筒货物：单件邮件长度 ≥ 14cm，宽度 ≥ 11cm。

圆筒形货物：直径的两倍 + 长度 ≥ 17cm，长度 ≥ 11cm。

（3）ePacket 优劣势

1）优势

① 经济实惠，免收挂号费和退件费。

② 时效快，7~10 个工作日即可妥投，价格低，安全可靠。

③ 服务专业，为中国电商卖家量身定制。

④ 服务优良，提供包裹跟踪号，一站式操作。

2）劣势

① 只能邮寄不超过 2kg 的物品。

② 范围有限。

③ 不提供查单，也不承担邮件丢失、货物延误赔偿。

（4）ePacket 邮费计算

例 8-1：计算国际 e 邮宝的邮费

一个美国客人从"Eternal Glasses"（杭州）的速卖通店铺购买了一副太阳镜，包装重量为 0.15kg，若选择国际 e 邮宝运输，请计算邮费。

解：邮费 = 处理费 + 包裹运费 + 上门揽收费 + 挂号费 + 退还费

杭州为国内一区：

处理费：7 元。

包裹运费 =150g×0.08 元 /g=12 元。

上门揽收费 =5 元 / 次。

挂号费、退还费均免。

所以，本次邮费=7元+12元+5元=24元。

3. 其他邮政速递物流跨境电商产品

（1）e特快。中国邮政速递物流为适应跨境电商高价值物品寄递需求，专门推出经济国际速递产品e特快，目前已通达15个国家和地区，首重及续重以50g为单位计价，限重30kg，其中乌克兰、澳大利亚限重为20kg，日本、韩国路向暂使用促销价。一般产品价值相对较高（50~200美元）。e特快主要国家和地区间全程时限标准参考如下：日本、韩国、新加坡，2~4个工作日；英国、法国、加拿大、澳大利亚、西班牙、荷兰，5~7个工作日；俄罗斯、巴西、乌克兰、白俄罗斯，7~10个工作日。国际e特快业务不提供投递时限承诺服务。

（2）e包裹。e包裹是中国邮政与美国邮政联合设计开办的，完善美国路线现有物流产品体系，适应跨境电商中间市场需求而推出的经济型物流产品。产品限重30kg，首重500g，续重500g，时限参考5~7个工作日。目前仅开通了美国路向。

（3）e速宝。这是中国邮政速递物流针对轻小件电商卖家给出的商业渠道物流解决方案，必须详细申报物品明细、税则号、申报价值和重量。首重70g，续重按照每克计算，产品单件限重2~3kg，时限参考7~10个工作日，资费较低。e速宝与EMS类似，价格比EMS便宜，但是时效比EMS慢。

目前，e速宝与赛城公司合作开办了澳大利亚路向e速宝、与永兴公司合作开办了德国路向e速宝、与迦递开办了印度路向e速宝，与Sky Postal开办了南美路向e速宝。

4. 中国邮政航空大包

（1）中国邮政航空大包介绍。中国邮政航空大包，又称航空大包或中邮大包，是区别于中国邮政航空小包的服务，是中国邮政国际普通邮包裹三种服务方式中的航空运输方式服务，可寄达全球200多个国家和地区，对时效性要求不高而重量稍重的货物，可选择使用此方式发货。

（2）中国邮政航空大包说明

1）体积、重量限制及运送时效。根据运输物品的重量和所达到国家和地区的不同，中国邮政航空大包的资费标准以及包裹体积、重量限制标准有所不同，具体可登录官网进行查询。网址是：http://11185.cn/index.html。

寄往各国包裹的最大尺寸限度分为以下两种：

第一种尺寸：单边≤150cm，长度+长度以外的最大横周≤300cm。

第二种尺寸：单边≤150cm，长度+长度以外的最大横周≤200cm。

根据目的地不同，中国邮政大包的运送时效也有所不同，通常到亚洲邻近国为4~10天，到欧美主要国家为 7~20 天，到其他国家和地区为 7~30 天。

2）查询与计费方式。中国邮政国际航空大包分为普通空邮（Normal Air Mail，非挂号）和挂号（Registered Air Mail）两种。前者费率较低，邮政不提供跟踪查询服务；后者费率稍高，可提供网上跟踪查询服务。费用计算公式为

　　费用：首重 1kg 的价格 + 续重 1kg 的价格 × 续重的重量

　　此外，中国邮政航空大包需要收取 8 元 / 件的报关手续费用。

（3）中国邮政航空大包优劣势

1）优势

① 运费比较低，不计算体积重量，没有偏远附加费和燃油费。

② 覆盖范围广，清关能力强。

③ 运单操作简单、方便。

2）劣势

① 部分国家货物限重 10kg，最重不能超过 30kg。

② 速度较慢。

③ 查询信息更新不及时。

5. 中国邮政航空小包

（1）中国邮政航空小包介绍。中国邮政航空小包又称中国邮政小包、邮政小包、航空小包，是指包裹重量在 2kg 以内，外包装长宽高之和小于 90cm，且最长边小于 60cm，通过邮政空邮服务寄往国外的小邮包。它可以分为平邮小包和挂号小包两种，可寄往全球各个邮政网点。中国邮政航空挂号小包派送范围为全球 200 多个国家和地区。

（2）中国邮政航空小包说明

1）资费与查询。资费低，首重按照 100g 起算（货运代理按照实际重量算），挂号服务费率稍高。中国邮政航空小包报价（部分）见表 8-2。

表 8-2　中国邮政航空小包报价（部分）

国　　名	计 费 区	资费标准（元/kg）	挂号费（元）
日本	1	62.00	8
韩国	2	71.50	
德国	3	89.00	
美国	5	90.5	
俄罗斯	11	96.3	

运费计算：

平邮运费：标准运费 × 实际重量 × 折扣 = 总额

挂号运费：标准运费 × 实际重量 × 折扣 + 挂号费 8 元 = 总额

平邮小包不受理查询，挂号小包大部分国家可全程跟踪，部分国家只能查询到签收信息，部分国家不提供信息跟踪服务，具体可参考 http：//www.17track.net 网站的统计信息。

2）规格限制

① 包裹重量 ≤ 2kg，寄往阿富汗限重 1kg。

② 最大尺寸

非圆筒货物：长 + 宽 + 高 ≤ 90cm，单边长度 ≤ 60cm。

圆筒形货物：直径的两倍 + 长度 ≤ 104cm，单边长度 ≤ 90cm。

③ 最小尺寸

非圆筒货物：单件邮件长度 ≥ 14cm，宽度 ≥ 9cm。

圆筒形货物：直径的两倍 + 长度 ≥ 17cm，长度 ≥ 10cm。

3）中国邮政航空小包通关的注意事项

① 由于中邮小包只是一种民用包裹，并不属于商业快递，海关对个人邮递物品的验放原则是"自用合理数量"，它并不适于寄递太多数量的商品。

② 海关规定，对寄自或寄往境外的个人物品，每次允许进出境的限值分别为人民币 800 元和 1000 元；对超出限值部分，属于单一不可分割且确属个人正常需要的，可从宽验放。

（3）中国邮政航空小包优劣势

1）优势

① 运费比较便宜。它运达大部分国家和地区的时间并不长，因此属于性价比较高的物流方式。

② 邮政的包裹在海关操作方面比快递简单很多，享用"绿色通道"，因此小包的清关能力很强，覆盖面广，可以邮寄到全球 200 多个国家和地区。

③ 中邮小包本质上属于民用包裹，并不属于商业快递，因此该方式能邮寄的物品比较多。

2）劣势

① 限重较低，只有 2kg，阿富汗限重 1kg，包裹如果超限，需要将其分成多个包裹邮寄。

② 不可以发送含有电池的产品。

③ 运送时间较长，如俄罗斯、巴西这些国家超过 40 天才显示买家签收都是正常现象，丢包率较高。

④ 跟踪查询不方便，许多国家不支持前程跟踪，官网只能跟踪国内部分，国外部分无法跟踪；卖家需要借助其他公司的网站或登录到寄达国和地区的查询网站进行跟踪，不便于卖家查询物流信息。

（4）中国邮政航空小包邮费计算

例 8-2：计算中国邮政航空小包邮费俄罗斯客人从"Miss Lady Show"的速卖通店铺购买了 2 个人造水晶项链，重量为 15g/ 个（纸箱重量 10g），若选择中国邮政航空小包运输，请计算邮费。

俄罗斯计费区为 11 区，资费标准 96.3 元 /kg，挂号费 8 元。

解：

情形一：

若直接选择到邮局去邮寄，则邮费为

$$100g/1000g \times 96.3 元 + 8 = 17.63 元$$

如果直接去邮局邮寄，则邮寄计费的重量首重为 100g，不到 100g 按照 100g 计算，并且没有折扣。

情形二：

若选择与货运代理合作，则邮费为

$$40g/1000g \times 96.3 元 \times 0.95 + 8 = 11.66 元$$

如果选择与国际货运代理合作，按照货物的实际重量计算运费，不计算货物的首重，并且能够享受一定的折扣（如 9.5 折），但国际货运代理会要求每天提供一定的订单量，发货的订单数量决定了折扣的高低。挂号费不能打折。

8.2　国际商业物流

8.2.1　认识国际商业物流

随着出口型跨境电商的火热，国际快递巨头们正在加快在中国的布局。在中国大陆，TNT 已拥有 33 家分支机构、3 个国际快递口岸；FedEx 已经覆盖中国 200 多个城市；UPS 每周约有 200 个航班将中国与全球市场连接起来，服务网络覆盖超过 33 个城市；DHL 在五大洲拥有将近 34 个销售办事处以及 44 个邮件处理中心，其运输网络覆盖全球 220 多个国家和地区的 120 000 多个目的地（主要城市），是全球国际化程度最高的公司。

1. 国际快递的概念

国际商业快递也称国际快递，是指在两个或两个以上国家（或地区）之间所进行的快递、物流业务。国家与国家（或地区）信函、商业文件及物品的递送，首先是通过国家之间的边境口岸和海关对快件进行检验放行，等国际快件到达目的国家（或地区）之后，需要在目的国（或地区）进行再次转运，才能将快件送达最终目的地。

2. 国际快递业务的特点

（1）国际快递环境差异大，表现在不同的法律法规、人文、习俗、语言、科技发展程度和硬件设施。

（2）国际快递时效性有所保证，丢包率低，过程更加安全可靠；但仿牌、含电池、特殊类产品基本上都不能递送，此外，物流成本高。

（3）国际快递系统范围的广泛性，快递本身的复杂性，加上国际快递的特殊性，使操作难度较大，面临风险更多。

（4）国际快递的信息化要求决定其先进性，也对信息的提供、收集与管理有更高的要求，要求有国际化信息系统的支持。

总之，国际快递一个非常重要的特点是，快递环境的差异大，尤其是快递软环境的差异。不同国家的不同物流适用法律使国际快递的复杂性远高于一国的国内物流，甚至会阻断国际快递；不同国家不同经济和科技发展水平会造成国际快递处于不同科技条件的支撑下，甚至有些地区根本无法应用某些技术而迫使国际快递全系统水平的下降；不同国家不同标准，也造成国际"接轨"的困难，因而使国际快递系统难以建立；不同国家的风俗人文也使国际快递受到很大局限。

8.2.2　TNT

荷兰天地（Thomas National Transport，TNT）快递成立于1946年，是荷兰邮政集团的子公司。澳大利亚人Thomas（托马斯）于1946年在澳大利亚悉尼成立TNT公司。1997年TNT被荷兰邮政兼并，总部移至荷兰的阿姆斯特丹。

TNT是欧洲最大的快递公司，拥有欧洲最大的空运联运快递网络，能实现门到门的递送服务，并且通过在全球范围内扩大运营分布来最大幅度地优化网络效能。

1. TNT服务类型

TNT可以提供限时和限日快递服务，其中包括两种能够翌日送达的快递服务和经济快递服务。对于不太紧急的包裹或者是较重的货物,可以选择限时和限日快递服务中的经济快递服务。经济快递服务的服务类型及其特点见表8-3。

表8-3　经济快递服务的服务类型及其特点

特点	服务类型	
	12：00经济快递	经济快递
送达时效	指定工作日的中午之前抵达	指定工作日下班之前送达
可寄物品	包裹和货物	包裹和货物
送达范围	25个以上欧洲国家的主要城市	全球
货物限重	最多500g	最多1500g

2. 资费标准

TNT除了要收取基本运费,还要收取相应的附加费用:①偏远地区附加费:人民币4元/kg,最低收费人民币95元/票;②安全附加费:人民币0.5元/kg,最低收费人民币5元/票,最高收费人民币110元/票;③更改地址附加费:人民币100元/票;④错误地址派送费:人民币100元/票;⑤不可堆叠货物附加费:人民币250元/票。

3. TNT参考时效

一般货物在发货次日即可实现网上追踪,全程时效为3~5天,TNT经济型时效为5~7天。

4. TNT体积重量限制

单件包裹三条边的长度分别不能超过240cm、150cm、120cm,单件包裹重量不得超过70kg。体积重量超过实际重量的部分按照体积重量计费,体积重量计算公式为

$$体积重量 = 长（cm） \times 宽（cm） \times 高（cm） \div 5000$$

5. 优势与劣势

（1）优势

1）服务区域。覆盖200多个国家和地区,还专门设有涵盖中国内地、香港和台湾的中国区,网络覆盖广,查询网站信息更新快,遇到问题响应及时。

2）服务。提供全球货到付款服务及报关代理服务,通关能力强,客户可及时、准确地追踪查询货物。

3）价格。在西欧地区价格较低,清关能力较强。

4）时效。正常情况下2~4个工作日通达全球,特别是到西欧,仅需3个工作日。

（2）劣势

1）价格相对较高，要计算产品体积重量。

2）对货品限制较多。

8.2.3 UPS

美国联合包裹服务（United Parcel Service，UPS）公司起源于 1907 年在美国华盛顿州西雅图成立的一家信差公司，创始人是 Jim Casey（吉姆·凯西）和 Claude Ryan（克劳德·里安）。

UPS 亚太地区创建于 1988 年，总部在新加坡。1988 年 UPS 与中国的大型公司进行合作，组建了自己的办事处。在中国，UPS 的影响力要次于 FedEx。

1. UPS 业务类型

UPS 主要包含四种业务服务，分别是 UPS Worldwide Express Plus（全球特快加急服务）、UPS Worldwide Express（全球特快服务）、UPS Worldwide Express Saver（全球速快服务）、UPS Worldwide Expedited（全球快捷服务）。UPS Worldwide Expedited 使用蓝色标记，一般称蓝单，其余三种都是用红色标记的。但是，通常说的红单是指 UPS Worldwide Express Saver。其中，UPS Worldwide Express Plus 的资费最高，UPS Worldwide Expedited 的资费最低，速度也最慢。全球速卖通平台主要采用的是 UPS Worldwide Express Saver 和 UPS Worldwide Expedited，即通常所说的红单和蓝单。

2. UPS 参考时效

UPS 国际快递参考派送时间：2~4 个工作日；派送时效为从物流信息上网到收件人收到此快件为止；如遇到海关查验等不可抗拒的因素，派送时效要以海关放行为准。

3. UPS 体积重量限制

UPS 要求每个包裹的重量不得超过 70kg。每个包裹的长度不得超过 270cm，长＋周长之和不得超过 330cm。UPS 国际小型包裹一般不接受超重或超过尺寸标准的包裹，否则要对每个超重超长包裹收取相应的附加费。货物体积重量的计算公式是

$$体积重量 = 长（cm）× 宽（cm）× 高（cm）÷ 5000$$

4. UPS 邮费

例 8-3：计算 UPS 邮费

西班牙客人在某知名服装定制品牌网站定制了一件衬衫，包装重量为 450g，包装尺寸为 20cm×10cm×8cm，拟选用 UPS 邮寄，请计算邮费。（经查 UPS 的报价表，中国到西班牙的报

价为 230 元 /0.5kg，货物重量每增加 0.5kg，邮费加 62 元。）

解：

先计算货物的体积重量。

$$\frac{20\times10\times8}{5000}\text{kg}=0.32\text{kg}=320\text{g}$$

由于货物的毛重为 450g，毛重大于体积重量，因此按照毛重计算邮费。

$$\text{邮费}=450\text{g}/500\text{g}\times230\text{元}=207\text{元}$$

由于 UPS 要求货物首重 500g，不足 500g 按照 500g 计算，因此，该票货物的邮费为 230 元。

5. UPS 优势与劣势

（1）优势

1）服务区域。覆盖 200 多个国家和地区，可以在线发货，全国 109 个城市可上门取货；

2）服务。提供全球货到付款服务，免费、及时、准确的上网查询服务，加急限时派送服务，清关能力超强。强势地区为美洲地区，性价比最高，可定点定时跟踪，查询记录详细，通关便捷。

3）价格。价格 3.5~6.5 折不等，UPS 主力打造美国专线、北美特惠。

4）时效。正常情况下 2~4 个工作日通达全球，特别是美国 48h 能到达，查询网站信息更新快，解决问题及时、快捷。

（2）劣势

1）运费较高，要计算产品包装后的体积重量，适合发 6~21kg 的货物，或者 100kg 以上的货物。

2）对托运物品限制比较严格。

案例拓展

UPS 推出新款无人机配送，可自动配送快递到家

2020 年 9 月，UPS 新推出一款快递运送车载无人机，该无人机可自动递送包裹至附近的具体位置，并返回正在移动的快递运送货车。与此同时，快递员驾车按路线继续行驶以进行另一个派送任务。

UPS 能够将无人机递送整合至智慧物流网络中，赋予了许多行业发展新型应用的潜力。无人机配送业务是 UPS 在科技领域的重大实践，2019 年，UPS 宣布成立全新子公司 UPS Flight Forward 以发展商用无人机配送业务，并获得美国联邦航空局批准的第 135 号条例首次完全认证，是唯一一家可以在美国运营商用无人机投递业务的企业。

新冠病毒肺炎疫情使 UPS 加速在美国推进无人机投递业务。目前，UPS Flight Forward 与美国大型医药零售商 CVS 合作，为递送温度敏感、时效性要求严格的药物提供创新、高效、安全的无接触式配送方案，向美国佛罗里达州最大的退休人员社区提供无人机配送处方药服务。

8.2.4 FedEx

美国联邦快递即 Federal Express，简称 FedEx，其亚太区总部设在香港，同时在上海、东京、新加坡均设有区域性总部。1995 年 9 月，联邦快递在菲律宾苏比克湾建立了其第一家亚太运转中心，根据公司在美国成功运作的"中心辐射"创新运转理念，亚太运转中心现已连接了亚洲地区 18 个主要经济与金融中心。联邦快递 1984 年进入中国，与天津大田集团成立合资企业大田－联邦快递有限公司。

知识拓展

FedEx 的创立

FedEx 是由美国耶鲁大学毕业生、美国前海军陆战队队员 Frederick W.Smith（费雷德里克·W.史密斯）在阿肯色州小石城创立，1972 年购买了 33 架法国制造的小型喷气运输机，1973 年迁往田纳西州孟菲斯，改名为"联邦快递公司"。

1. FedEx 服务类型

FedEx 分为联邦快递优先服务（FedEx IP）和联邦快递经济服务（FedEx IE）。FedEx 服务类型见表 8-4。

表 8-4 FedEx 服务类型

服务类型	特 点
联邦快递优先服务（FedEx IP）	运送时效快，一般为 2~5 个工作日 清关能力强 覆盖范围广，可达全球 200 多个国家和地区
联邦快递经济服务（FedEx IE）	价格更优惠 清关能力强 运送时效一般为 4~6 个工作日 可达全球 90 多个国家和地区

2. FedEx 参考时效

（1）优先服务派送正常时效为 2~5 个工作日（此时效为从快件信息上网至收件人收到此快件为止）。

（2）经济服务派送正常时效为 4~6 个工作日（此时效为从快件信息上网至收件人收到此快

3. FedEx 体积重量限制

FedEx 体积限制为：单件包裹最长边 ≤ 274cm，（最长边 + 其他两边）× 2 ≤ 330cm。重量限制为：单票的总重量 ≤ 300kg，超过 300kg 需提前预约；若一票多件，其中每件的重量 ≤ 68kg，单件或者一票多件中的单件包裹超过 68kg，也需提前预约。货物体积重量的计算公式是

$$体积重量 = 长（cm）\times 宽（cm）\times 高（cm）\div 5000$$

4. FedEx 优势与劣势

（1）优势

1）时效。包裹一般在 2~4 个工作日可以送达，网络覆盖全，跟踪反馈信息快。

2）服务区域。通达全球 200 多个国家和地区，派送网络遍布世界各地。

3）服务。提供国际快递预付款服务，免费、及时、准确的上网查询服务，代理报关服务及上门取件服务。极快的响应速度让用户享受到高效率的服务，清关能力极强。

4）价格。到中南美洲和欧洲的价格较有竞争力。

（2）劣势

1）价格较贵，需要计算产品体积重量。

2）对托运货物有较严格的限制。

3）会收取偏远附加费、单件超重费、地址更改派送费。

8.2.5　DHL

DHL 是全球快递、洲际运输和航空货运的领导者，也是全球第一的海运和合同物流提供商。DHL 为客户提供从文件到供应链管理的全系列的物流解决方案。DHL 主要包括以下四个部门：DHL Express、DHL Global Forwarding、Freight 和 DHL Supply China。1969 年 DHL 开设了其第一条从旧金山到檀香山的速递运输航线，公司由 Adrian Dalsey、Larry Hillblom 和 Robert Lynn 共同创建，DHL 的三个字母来自于三个创始人的名字。

1986 年，中外运 - 敦豪国际航空快件有限公司在北京正式成立，1993 年，经中国对外贸易经济合作部批准，该公司开始向中国各主要城市提供国内快递服务，成为第一家获得此类服务执照的国际航空快递公司，DHL 也成为四大国际物流快递中第一家在我国提供国际航空速递服务的公司，在我国的业务开展也领先于其他各家跨国快递公司。

1. 参考时效

DHL 拥有世界上最完善的速递网络之一，可以达 220 个国家和地区的 12 万个目的地，在中国市场占有率达到 36%。

1）上网时效：参考时效从客户交货之后第二天开始计算，1~2 个工作日网上会有相关信息。

2）妥投时效：参考妥投时效为 3~7 个工作日（不包括清关时间，特殊情况除外）。

2. DHL 体积重量限制

DHL 体积重量计算公式为

$$体积重量 = 长（cm）× 宽（cm）× 高（cm）÷ 5000$$

计费时取货物的实际重量和体积重量二者中较大者。

3. DHL 邮费计算

例 8-4：计算 DHL 邮费

浙江金远电子商务有限公司在全球速卖通平台上向美国客人销售了一款婚纱，包装重量（即货物毛重）为 2.6kg，长×宽×高为 30cm×20cm×10cm，拟使用 DHL，请计算邮费（经查 DHL 的报价表，美国在计费 6 区，重量 3.0kg 的运费是 706 元，每票最低征收燃油附加费 160 元）。

解：

该婚纱体积重量为

$$\frac{30×20×10}{5000} \text{kg} = 1.2\text{kg} < 2.6\text{kg}$$

货物毛重大于体积重量，因此按照毛重计算运费。

美国在计费 6 区，运费为 706 元 +160 元 =866 元，实际操作中 DHL 会有折扣。

4. DHL 优劣势

（1）优势

1）专线。建立了欧洲专线及周边国家专线服务，服务速度快、安全、可靠、查询方便。

2）价格。20kg 以下小货和 21kg 以上大货较便宜。并且 21kg 以上物品有单独的大货价格，部分地区大货价格比国际 EMS 还要低。

3）服务区域。派送网络遍布世界各地，网站货物状态更新及时、准确，提供包装检验与设计服务、报关代理服务，在美国、欧洲有较强的清关能力，世界绝大多数快递都通过 DHL 运转。

4）时效。正常情况下 2~4 个工作日通达全球。特别是欧洲和东南亚速度较快，到欧洲 3 个工作日，到东南亚地区仅需 2 个工作日。

（2）劣势

1）DHL 小件商品价格没有优势。

2）对托运货品的限制比较严格，拒收许多特殊商品。

8.3 专线物流

跨境电商已经从单一的包裹模式发展成为以邮政包裹模式为主导、其他模式并存的多元化模式。不同模式的优点弥补了跨境电商物流的不足。比如货物在发往比较偏远的新兴国家时，可以选择专线物流，专线物流被认为是跨境电商直发模式的理想物流选择，不仅兼具时效性和成本，稳定性和安全性也达到了跨境运输的要求。目前在一些热门市场，专线物流已经逐渐与邮政包裹平分秋色，甚至成为卖家首选。

8.3.1 认识专线物流

1. 专线物流的概念

专线物流是五大主要跨境电商物流模式之一。专线物流，又称货运专线，是指物流公司用自己的货车、专车或者航空资源，运送货物至其专线目的地。一般在目的地有自己的分公司或者合作网点，以便货车来回都有货装。按照服务对象的不同，专线物流可以分为跨境电商平台企业专线物流和国际物流企业专线物流，其中跨境电商平台企业专线物流是大型电商平台专门为电商平台内上线销售商品的中小企业开发的物流项目，通过在国内设立仓库实现提供简单易行且成本较低的物流服务的目的。专线物流适合运送多批次、小批量、时效要求高的货物，尤其适合小额批发和样品运输等。

2. 专线物流的特点

（1）服务向两端延伸。国际物流专线是指运营不同国家（地区）间点对点的货运线路，其运输线路及班次一般是固定的。传统的国际物流专线仅包含货运站点之间的运输服务，随着跨境电商服务需求升级，国际物流专线的业务链条进一步向上游的货物揽收和下游的末端派送延伸。目前，国际物流专线的服务开始逐渐包括货物揽收、装卸打包、运输、在线追踪订单、清关、本地派送等一条龙服务。

（2）运力供给高饱和，综合费用呈上升态势。受全球国际航运运力基础设施扩充速度缓慢的影响，国际航运运力供给短时间并无明显增长空间，全球空运及海运运力供给速度无法匹配目前跨境电商的高速增长需求，跨境电商国际物流专线市场近年来几乎无明旺季区别，全年呈现服务高饱和状态，因此国际运费也呈现稳中上升的趋势。

（3）竞争高度市场化，且同质化竞争明显。尽管目前市场上提供国际物流专线的服务商非常多，但其后端的货物实际承运人基本为国际主流的海运及空运公司，前端代理销售看似丰富的国际物流专线产品，在服务质量上并无明显差异，同质化竞争非常明显。

（4）进口与出口专线运力存在错配。一是由于国内跨境电商交易规模存在顺差，国际物流专线存在出口运费与进口运费价格偏差的现象。以1kg的包裹为例，从上海浦东直发美国洛杉矶物流加派送价格约为40元人民币，若从美国洛杉矶直发至上海，约为60元人民币。二是由于国内跨境电商进口消费市场主要集中在一二线城市，而跨境电商出口则集中在深圳、广州、义乌、杭州、宁波等沿海城市，因此在国际物流专线运力区域上存在不平衡。据了解，依托产业基础和靠近香港机场的交通区位优势，仅深圳一个城市就占据了全国近60%的跨境电商出口包裹量，大量国际物流专线资源也集中于此。

国际物流专线其特征主要体现在"专"上，因而国际物流专线有其专门使用的物流运输工具、物流线路、物流起点与终点、物流运输工具、物流运输周期及时间等，国际物流专线包括航空专线、港口专线、铁路专线、大陆桥专线、海运专线以及固定多式联运专线，如郑欧班列、中俄专线、渝新欧专线、中英班列、国际传统亚欧航线等。由于其特点，国际物流专线这种物流模式能够有效规避通关及商检风险，还具有一定的物流时效性及物流经济性；但同时也由于其"专"而产生一定的局限性。

3. 专线物流的未来发展趋势——专项专线物流

随着互联网思维对传统行业的改造，O2O模式成为各个行业创新的主流模式，O2O模式中最重要的是客户体验这一环节，而物流配送则是这一环节的焦点。"最后一公里"的概念已经深入人心，成为行业和资本关注的风口。当今专线物流在各个领域都有新的表现，尤其是生鲜冷链物流专线，更成为O2O的重点尝试领域。当下在一些与民生相关的领域，如医药物流，也在逐渐成为专线物流企业关注的焦点。

未来有可能在"互联网+"的基础上，细分出"互联网+专线"模式，专业化、精准化的分工，将对细分市场、专业专项起到非常重要的作用，成就真正的"专项专线物流"。

8.3.2　Special Line-YW

Special Line-YW即燕文航空挂号小包，简称燕文专线，是北京燕文物流股份有限公司通过整合全球速递服务资源，利用直飞航班配载，由国外合作伙伴快速清关并进行投递的服务。

燕文专线目前已经开通拉美专线、俄罗斯专线和印度尼西亚专线。拉美专线直飞欧洲并在此中转，避免旺季爆仓，使得妥投时间大大缩短。俄罗斯专线实行一单到底，全程无缝可视化跟踪，国内快速预分拣，快速通关，快速分拨派送。一般情况下，俄罗斯人口50万以上的城市最长17天可完成派送，其他城市最长25天可完成派送。印度尼西亚专线采用中国香港邮政挂号小包服务，并经中国香港中转，达到印度尼西亚的平均时效优于其他小包。

北京燕文物流有限公司与菜鸟共建的eWTP华东出口中心位于杭州空港园区，是目前全国跨境电商领域自动化程度最高、设施最先进的物流转运和分拨中心，日均处理电商包裹50万单，峰值120万单，可为杭州地区近2000个跨境出口企业提供揽收、操作、国际空运、海外清关和派送服务。

1. 参考时效

（1）正常情况下，16~35天到达目的地。

（2）特殊情况下，35~60天到达目的地。特殊情况包括节假日、特殊天气、政策调整、偏远地区等。

2. 体积重量限制

按克收费，经济小包10g起收。

1）重量限制。每个单件包裹限重在2kg以内。

2）最大尺寸。

非圆筒货物：长＋宽＋高≤90cm，单边长度≤60cm。

圆筒形货物：2倍直径及长度之和≤104cm，单边长度≤90cm。

3）最小尺寸。

非圆筒货物：单件表面尺码≥9cm×14cm。

圆筒形货物：直径的两倍＋长度≥17cm，长度≥10cm。

3. 优劣势

（1）优势

1）时效快。挂号小包根据不同目的国家（地区）选择服务最优质和派送时效最好的合作伙伴；在北京、上海和深圳三个口岸直飞各目的国（地区），避免了国内转运时间的延误；和口岸仓航空公司签订协议保证稳定的仓位；全程追踪。

2）交寄便利。提供免费上门揽收服务，揽收区域之外可以自行发货到指定揽收仓库。

3）赔付保障。邮件丢失或损毁提供赔偿，可在线发起投诉，投诉成立后最快 5 个工作日完成赔付。

（2）劣势

1）不支持发全球，普通货物目前只开通了 40 个国家和地区

2）不能寄送电子产品，如手机、平板计算机等带电池的物品，或纯电池（含纽扣电池），任何可重复使用的充电电池等。

8.3.3 Ruston

Ruston 俗称俄速通，是由黑龙江俄速通国际物流有限公司（以下简称俄速通公司）提供的中俄航空小包专线服务。它是通过国内快速集货、航空干线直飞、在俄罗斯通过俄罗斯邮政或当地落地配送公司进行快速配送的物流专线的合称，是针对跨境电商客户物流需求的小包航空专线服务，渠道时效快速稳定，全程物流可跟踪。

俄速通在俄罗斯境内的服务类型，包括俄罗斯小包、俄罗斯大包、俄罗斯 3C 小包三种业务。

1. 俄罗斯小包

俄罗斯小包是俄速通公司与阿里巴巴速卖通合作设立的专门针对速卖通平台的物流模式，服务覆盖俄罗斯全境。

（1）包装与重量要求。可提供上门揽件服务，广东省、福建省、江苏省、浙江省、上海市等地可 5 件起免费上门揽收，小于 5 件或不在揽收区域范围内的，需由卖家自行发货至集货仓。

1）重量限制。每个单件包裹限重在 2kg 以内。

2）最大尺寸。

非圆筒货物：长 + 宽 + 高 ≤ 90cm，单边长度 ≤ 60cm。

圆筒形货物：2 倍直径及长度之和 ≤ 104cm，单边长度 ≤ 90cm。

3）最小尺寸。

非圆筒货物：单件表面尺码 ≥ 9cm × 14cm。

圆筒形货物：直径的两倍 + 长度 ≥ 17cm，长度 ≥ 10cm。

（2）赔付保障。Ruston 专线物流商承诺，从包裹入库 30 天后，未收到包裹，且物流商不能确认货物状态，或若包裹入库后起算 60 天内未妥投，且未有异常信息返回，直接认定为包裹丢失。

如果确认丢件，物流商将按照该订单在速卖通的实际成交价但不超过 700 元为标准进行赔偿。

（3）俄罗斯小包优劣势

1）优势

① 经济实惠。以克为单位的精确计算，无起重费，为卖家将运费做到最低。

② 运送时效快。开通了"哈尔滨—叶卡捷琳堡"中俄航空专线货运包机，包机直达俄罗斯，80% 以上的包裹 25 天内可到达。

③ 全程可追踪。货物信息 48h 内上网，货物全程可视化追踪。

④ 送达范围广。与俄罗斯邮政合作，境外递送环节全权由俄罗斯邮政承接。递送范围覆盖俄罗斯全境。

2）劣势

① 价格并不是最便宜的。

② 在淡季可能受货量影响，时效没有旺季快。

③ 由于航空安全控制，不可以寄送带电磁性的货物，内件禁忌较多，安检严格。

2. 俄罗斯大包

俄罗斯大包可送到至俄罗斯全境，平均时效为通关后 20~30 个工作日。

（1）包装与重量限制。货物外包装是无字干净纸箱子，用无字胶带封口。

1）重量最多不得超过 200kg/ 箱，货值每箱不得超过 200 欧元（超出收货人收取货物时需要向俄罗斯海关缴纳相应的关税）。

2）最大尺寸：长 + 宽 + 高 ≤ 1.8m，单边长宽高 ≤ 1.5m。

3）最小尺寸：最长边长度 ≥ 0.17m，最短边长度 ≥ 0.12m。

（2）赔付保障。对于物流承运过程中发生的货物丢失，俄罗斯大包提供有赔付保障。

1）对于已购买保价货物：如果整件货物丢失，则按照货物购买保价进行赔偿，并退还运费；如果货物部分丢失，则按照丢失货物重量占总重量百分比乘以保价进行赔偿，不退还运费。

2）对于未购买保价货物：如果整件货物丢失，则退还运费；如果货物部分丢失，按照丢失货物重量占总重量百分比乘以运费。

（3）俄罗斯大包优劣势

1）优势

① 经济实惠。以千克为单位计算，最大限重 20kg，买家花一次运费可邮寄更多的产品。

② 价格优惠。境外递送环节全权由俄罗斯邮政承接，可送达俄罗斯全境。

③ 送达时效快。可在俄罗斯境内采用水、陆、空结合的特殊运输方式，保证包裹以最经济最效率的方式送达买家手中。

2）劣势

① 需要在俄速通官网查询，在交货操作后即有上网信息。如果需要在俄罗斯邮政或者中国邮政网查询，需要 7 天左右时间。

② 产生关税的包裹可能需要派回到离收件人最近的可以收取关税的大区邮局，这种包裹需要收件人前往这个指定邮局缴纳关税后取件。

3. 俄罗斯 3C 小包

Ruston3C 小包是俄速通公司专门面向俄罗斯电商市场推出的跨国包裹邮寄业务。

（1）包装与重量限制。货物外包装要求使用干净的快递袋包装，封口处粘胶仅限制在刚好封口为止，不需按货物体积折叠快递袋，禁止使用透明胶带封口或对包装进行二次封缠。3kg 以上包裹需用白色布口袋包装。客户需将收件人信息和运单号贴在快递袋中心位置，标签不可大于 14cm×10cm。

1）重量最多不得超过 10kg/件，报价最高限额 500 元/件。

2）最大尺寸：425mm×265mm×380mm，超出尺寸需额外交付运费 40% 的超大费。

（2）Ruston 3C 优劣势

1）优势

① 可以邮寄带有手机电池、纽扣电池、化妆品等通常航空小包禁止邮寄的物品。

② 最大限重 20kg，可以让买家花一次运费购买到更多的产品。

③ 16~20 天可达到俄罗斯目的地，35 天俄罗斯全境到达。

④ 由于从东部口岸进入俄罗斯，比起新疆线和中国邮政、外国邮政时效好，可以作为航空小包补充。

2）劣势

① 俄罗斯中西部地区时效较慢。

② 国内头程时间较长，因为要从各地集运到绥芬河口岸。

③ 俄国邮政网在交货 7 天左右才更新轨迹。

案例拓展

阿里巴巴旗下菜鸟通过珲春上线对俄大包专线

2019 年 5 月，阿里巴巴旗下的菜鸟与珲春跨境电商综合服务平台合作推出的大包专线正式上线运营，专门面向俄罗斯消费者。

菜鸟大包专线是菜鸟与目的国商业快递共同提供的针对31kg以下普货的快递类物流服务，目前只支持运送俄罗斯全境，配送服务费在30元人民币/kg，如果是挂号包裹则需要35.3元人民币的服务费。

珲春作为菜鸟大包专线唯一的通关口岸，具有独特的区位、交通、政策等优势，菜鸟通过与珲春本地优质物流商合作，在国内近50个城市开展上门揽收服务，搭建起中国至俄罗斯的快速物流配送到门服务。相比较于菜鸟对俄其他渠道，该专线在700g以上产品和带电产品配送中更具有价格优势，且仅用15~25天即可实现俄罗斯大部分地区的货物妥投。

俄罗斯已经是中国电商对外出口量最大的目的国之一，俄罗斯网民非常喜欢中国商品。现在多方面积极努力共同推进跨境电商的发展，贸易效率明显提高。

8.3.4　Aramex

Aramex是中东地区最知名的快递公司，创建于1982年，总部位于迪拜，是第一家在纳斯达克上市的中东国家公司，提供全球范围的综合物流和运输解决方案。Aramex精选当地优势航班运力，运抵阿联酋迪拜的转运中心，再由迪拜清关转运派送到中东、南亚和非洲部分地区。

Aramex也是全球速递联盟（GDA）创始成员，GDA在全球200多个国家和地区集合了超过40个主要的快递和物流供应商，每一家在各自地区范围内都从事专门的快递物流服务，以与Aramex一致、统一的质量标准和技术将其服务覆盖全球。Aramex与中外运于2012年成立了中外运安迈世（上海）国际航空快递有限公司，在国内也称"中东专线"，是以专一的航线将物品发到中东地区，或从中东发送到中国。

知识拓展

中东地区跨境电商发展

中东地区，尤其是产油国，阿联酋、沙特阿拉伯、科威特等国家，居民生活富裕，但物资缺乏，加上互联网的普及率高，人们跨境网购热情日益增高，往往选择单价比较高的货物。中东地区的跨境电商发展迅速，也得益于物流和支付顺畅。

1. 资费标准

Aramex的标准运费由基本运费和燃油附加费两部分构成，其中燃油附加费经常有所变动，卖家可登录官网了解相关详情。

运费计算方式为

（首重价格 + 续重价格 × 续重重量）+ 燃油附加费 × 折扣（超过15g按续重1kg计算）

体积重量的计算方法为

$$体积重量 = 长（cm）× 宽（cm）× 高（cm）÷ 5000$$

计费时取实际重量和体积重量二者之间的较大值。

2. 参考时效

收件后两天内物流信息会上网，中东地区派送时效为3~6个工作日。

3. 体积重量限制

包裹的体积和重量的限制分别是：单件包裹的重量不得超过30kg，体积不得超过120cm×50cm×50cm；若单件包裹重量超过30kg则体积必须小于240cm×190cm×110cm。

4. Aramex优劣势

（1）优势

1）价格。寄往中东、北非、南亚等国家，价格具有显著的优势，是DHL的60%左右。

2）时效。时效有保障，包裹寄出后大部分在3~6个工作日可妥投，大大缩短了世界各国间的商业距离。

3）无偏远费用。

4）包裹可在Aramex官网跟踪查询，状态实时更新，寄件人每时每刻都能跟踪到包裹的最新动态信息。

（2）劣势

1）Aramex的快递主要优势在于中东地区，在其他国家或地区则不存在这些优势，区域性很强。

2）对货物的限制也较高。涉及知识产权的货物一律无法寄送；电池以及带有电池的货物无法寄送；各寄达国（地区）禁止寄递进口的物品，任何全部或部分含有液体、粉末的物品，颗粒状物品，化工品，易燃易爆违禁品，以及带有磁性的产品（上海仓库可安排磁性检验后出运）均不予接收。

8.4 中欧班列

中欧班列是指按照固定车次、线路等条件开行，往来于中国与欧洲及"一带一路"沿线各国的集装箱国际铁路联运班列。

跨境电商物流

知识拓展

中欧班列铺划

中欧班列铺划了西中东三条通道：西部通道由我国中西部经阿拉山口（霍尔果斯）出境，中部通道由我国华北地区经二连浩特出境，东部通道由我国东南部沿海地区经满洲里（绥芬河）出境。

2011年3月19日，首列中欧班列（重庆—杜伊斯堡）成功开行以来，成都、西安、郑州、武汉、苏州、广州等数十个城市也陆续开行了去往欧洲多个城市的集装箱班列。

2015年6月，蜜芽网在重庆开仓，部分德国进口商品通过渝新欧线路运抵重庆，开创了国内跨境电商首次采用国际铁路运输货物的先例。

2020年中欧班列安全顺畅稳定运行，开行数量逆势增长，有力服务了新发展格局和国际防疫合作，全年开行中欧班列1.24万列、发送113.5万标准箱，同比分别增长50%、56%，综合重箱率达98.4%。年度开行数量首次突破1万列，单月开行均稳定在1000列以上。国内累计开行超过百列的城市增至29个，通达欧洲城市90多个，涉及20余个国家，开行范围持续扩大。

2021年1月26日，满载着保温杯、电熨斗、冰箱压缩机等50车货品的X8153次中欧班列（长安号），从中国铁路西安局集团有限公司新筑车站（现名为西安国际港站）驶出，开往德国曼海姆，这标志着2021年中欧班列（西安）运输车数突破10 000车。

2021年3月18日，江苏首列中欧班列跨境电商出口专列从苏州鸣笛发车，标志着中欧班列为跨境电商企业构建的通往中东欧国家的"黄金通道"开始常态化运作。这批跨境电商货物主要为纺织品和家居用品，共计4468票、73.5t，总货值79.33万美元。

2021年3月28日，中欧班列（沈阳）实现沈阳—阿拉山口—欧洲及韩国—辽宁港口—沈阳—德国国际中转两条新通道的同步首发。双列同步首发的成功实现，对于中欧班列（沈阳）依托位于东北亚地区中心的区位优势，进一步扩充开行线路、丰富产品结构、释放运能运力具有重要意义。

中欧班列已经成为国际物流陆路运输骨干。亚欧之间的物流通道主要包括海运通道、空运通道和陆运通道，中欧班列以其运距短、速度快、安全性高的特征，以及安全快捷、绿色环保、受自然环境影响小的优势，已经成为国际物流中陆路运输的骨干方式。中欧班列物流组织日趋成熟，班列沿途国家经贸交往日趋活跃，国家间铁路、口岸、海关等部门的合作日趋密切，这些有利条件为铁路进一步发挥国际物流骨干作用，在"一带一路"倡议中将丝绸之路从原先的"商贸路"变成产业和人口集聚的"经济带"起到重要作用。

案例拓展

全国首列多省跨区域合作中欧班列在义乌发车

2020年11月18日15时5分许,载有100标准箱的"跨境电商欧洲专列"在义乌西站发车,该班列由全国11个中欧班列运营平台共同组货,是全国首列多省跨区域合作的中欧班列。

该趟班列除载有日用百货、小家电、汽车配件、纺织布料外,主要装载的是邮政包裹和跨境电商包裹,总货值约144万美元。班列从义乌西站开出后,将经由新疆阿拉山口口岸出境,预计16天后到达比利时列日多式联运货运场站,货物清关完毕后将被分拨至欧洲各个国家。

在新冠病毒肺炎疫情在国外持续蔓延的大背景下,海运、空运受阻,中欧班列承接海运、空运转移货源,优先运输防疫物资,开行量和运输量均逆势增长,成为"一带一路"建设的标志性成果和构建新发展格局的重要力量。

8.5 出口市场风险管理

8.5.1 海关查验与扣货

《中华人民共和国禁止携带、邮寄进境的动植物及其产品名录》是经《农业部国家质量监督检验检疫总局公告》(第1712号)公布的名录,由农业部、国家质量监督检验检疫总局于2012年发布并实施的。

1. 暂扣物品原因

国际快递货物被海关扣关或者不允许清关存在以下原因:

(1)商品货物名称填写不详细、不清楚,需重新提供证明函,具体说明货物的品名及其用途。

(2)货物申报价值过低(海关有理由怀疑逃税)。

(3)国际快递货物单、证不齐全,需要提供必需的单、证,如进口许可证、3C认证。

(4)敏感货物,属于进出口国家禁止或者限制进出口的物品。

货物一旦扣关,发件人或收件人应尽量配合海关,提供相关的文件。一般情况下,海关会对货物进行评估,只要与发件人或收件人陈述相符,办理完清关手续,即可放行。

2. 避免产生海关扣货的方法

卖家要做好相关工作,尽量避免产生海关扣货的情况。

(1)选择安全的递送方式,如航空挂号小包和EMS,且EMS即使被海关扣货,还是能够免费退回到发货地点的。

（2）了解各国政策，如大洋洲虽然通关容易，但是电池类产品是海关不允许的，因此电池或者带电池的产品，尽量不发往大洋洲。如果一定要卖带电池的产品，可以给客户说清楚不发电池，只发产品。

（3）重量越重的包裹被海关扣货的可能性越大。

（4）不同产品被海关扣货的概率不同，如电子产品被扣的概率相对较高。

8.5.2 关税及VAT

1. 关税

关税是指一国海关根据该国法律规定，对通过其关境的进出口货物征收的一种税收。关税在各国一般属于国家最高行政单位指定税率的高级税种，对于对外贸易发达的国家而言，关税往往是国家税收乃至国家财政的主要收入。政府对进出口商品都可征收关税，但进口关税最为重要，是主要的贸易措施。

知识拓展

关税的主要特点

（1）关税是进出口商品经过一国关境时，由政府设置的海关向进出口商征收的税收。

（2）关税具有强制性。

（3）关税具有无偿性。

（4）关税具有预定性。

2020年12月，国务院关税税则委员会印发《2021年关税调整方案》，决定从2021年1月1日开始，对883项商品实施低于最惠国税率的进口暂定税率，抗癌药原料、助听器、婴幼儿奶粉原料等与百姓生活密切相关的商品均在其中。同时，随着中国对外开放持续扩大，部分协定税率、最惠国税率也会降低。

2. VAT

VAT通常被称为增值税。增值税是以商品（含应税劳务）在流转过程中产生的增值额作为计税依据而征收的一种流转税。在实际当中，商品新增价值或附加值在生产和流通过程中是很难准确计算的。因此，中国也采用国际上普遍采用的税款抵扣的办法，即根据销售商品或劳务的销售额，按规定的税率计算出销项税额，然后扣除取得该商品或劳务时所支付的增值税款，也就是进项税额，其差额就是增值部分应缴的税额，这种计算方法体现了按增值因素计税的原则。

增值税征收通常包括生产、流通或消费过程中的各个环节，是基于增值额或价差为计税依据的中性税种，理论上包括农业各个产业领域，如种植业、林业、畜牧业、采矿业、制造业、建筑业、交通和商业服务业等，或者原材料采购、生产制造、批发、零售与消费各个环节。

本章小结

本章主要介绍了跨境电商出口物流主要模式（邮政物流、国际商业快递和专线物流），中欧班列以及出口市场风险管理。通过本章的学习，读者能够了解万国邮政联盟，掌握中国邮政物流产品类型以及其各自相关说明和优劣势，能够根据实际情况计算邮政小包物流费用；了解四大商业快递发展历程，掌握四大商业快递异同点，能够计算商业快递国际邮费；掌握跨境电商专线相关概念，知道俄罗斯路向的跨境物流专线，能结合实际选择合适的跨境物流模式，计算跨境物流邮费。

课后思考题

一、简答题

1. 国际商业物流主要有哪些？
2. 什么是专线物流？
3. 思考为什么在中国邮寄高考通知书会选择 EMS？
4. 什么是关税？关税的重要作用是什么？

二、案例分析题

2021 年 4 月，在全球物流技术大会上，菜鸟主导的"精准射频识别技术"曝光，获得中国物流与采购联合会颁发的物流技术创新奖。

这是继条码、二维码之后的第三代识别技术，已经具备大规模商用条件，有望大幅推动供应链和物流领域的数字化升级。

据了解，射频识别（RFID）技术一般被用于供应链商品流通中的货物盘点、出入库交接，以及全链路追踪，但此前因为技术突破有限，识别准确率不高，一直未能大规模投入实际应用。该技术已将识别准确率较于此前的 80% 左右大幅提升到 99.8%，达到全球领先。

目前，菜鸟已经在全球包裹流转、绿色环保包装的追踪和管理中使用该项新技术。一批快消类、食品类品牌商家也在预约使用这项技术。

值得一提的是，近日，菜鸟自主研发的智能手持作业终端"菜鸟 LEMO PDA"凭借对物流

跨境电商物流

生产工具的重构,大幅提升了物流作业效率,获得德国红点设计大奖。

自"菜鸟电子面单"开启包裹数字化之后,菜鸟在物联网(IoT)技术领域也相继推出了机器人仓、无人车、自动化分拣、智能驿站、数字通关等全链路数字化解决方案。

问题:

分析中国商业快递发展现状及其存在的问题,并针对这些问题提出自己的意见和建议。

第 9 章
跨境电商物流平台操作

跨境电商作为推动经济一体化、贸易全球化的重要载体,打破了国家的界线,正在引起世界经济贸易的巨大变革。发展跨境电商具有非常重要的战略意义。在我国对外贸易增速放缓的背景下,跨境电商的业务在快速发展,成为未来驱动贸易发展的新动力。2018 年,我国首部《电子商务法》诞生,除此之外,更多的利好政策纷纷出台。2018 年在中国跨境电商领域中,包括财政部、税务总局、商务部、海关总署等国家部门都出台或参与了跨境电商政策,既有利好促进的,也有规范发展的。政策的出台都对跨境电商行业的健康发展起到了推动作用。

本章学习目标

1. 熟悉跨境电商物流平台
2. 掌握跨境电商物流平台操作

引导案例

速卖通因复工带来新的机会

2020 年 3 月,新冠病毒肺炎疫情在我国已经被控制,国内有序开工;但是全球对疫情传播的担忧加剧,日本、韩国、意大利和伊朗的感染病例大幅上升。除中国外,全球多地进入紧急状态。

由于疫情,叮咚买菜、每日优鲜、盒马鲜生等配送到家的各种相关业务订单暴涨 3~5 倍,销售量快速增长。各大配送平台陆续推出"无接触配送"服务,很大程度上保障了用户和骑手在配送环节的安全。足不出户就能买到生活所需,还能避免与他人过多的接触,这种消费方式也已经被人们所接受。

疫情过后,消费者在短时间内可能会不太习惯"面对面接触"的购物方式,互联网消费将会成为人们优先选择的消费方式。

那么在这样的情况下,跨境电商卖家如何抓住这个机会呢?

(1)快速行动。电商永远是快节奏的,必须要快速布局,目前很多跨境电商卖家已经在行动,快速抢占类目流量,其中阿里巴巴速卖通在 2020 年 3 月举办了十周年庆活动,Lazada 也在 2020 年 3 月举办了 3·27 平台大促活动。

(2) 全球布局。不要局限一点一面，要全球覆盖。如果全球多国没有像中国一样快速控制疫情，那么线上购物必将迎来高速发展期。

(3) 平台选择。建议选择大平台，因为其流量、资金回款、物流配套、平台政策都有保障，如果选择中小平台，则务必谨慎。

在此，可以重点布局阿里巴巴旗下的跨境电商平台：①速卖通，中国最大的跨境出口 B2C 平台，2010 年成立，全球覆盖 200 多个国家和地区，海外买家 1.5 亿多个，18 种语言覆盖全球；② Lazada 平台，覆盖东南亚六国，是东南亚最大的跨境电商平台。这些平台都由官网物流直接配送，提供全方位保障，帮助商家快速覆盖全球。

(4) 好产品，更需好团队。电商发展到现在，更需要专业的运营团队，包括市场定位、选品、营销、视觉设计、站外宣传等各方面。好产品、好运营和靠谱的平台，三者相加才能有更大的爆发。

(5) 传统 B2B 展会和 OEM 订单工厂企业势必受到影响，应该快速拓展跨境 B2C 市场，为企业开拓新航道。

危与机是相互的，电商企业要学会转危为机，待到疫情结束，行业必将大洗牌，胜者必将引领潮流。

阅读以上案例，思考：
1. 疫情对互联网乃至商业模式造成哪些巨大影响？
2. 全球速卖通物流模式有哪些？

案例来源：雨果网

9.1　eBay 物流平台操作

eBay 物流平台 eDIS 全称为 eDelivery International Shipping，卖家使用 eDIS，仅需要在 eDIS 网站注册，并且关联 eBay 账号即可。另外，个人和企业都可以注册，不设门槛；或者可以通过第三方 ERP 对接使用，现在已开发的有通途、ECPP、易仓和普源等。如果卖家自有 ERP，eBay 也开放了对接窗口，也可联系客服在线指导对接。

知识拓展

eDIS 平台

eDIS 平台是 eBay 进一步提高整体物流水准、改善海外买家物流体验，让卖家取得更好的销售业绩，进行物流政策更新所创建的平台。该平台在原有物流要求的基础之上，主要针对销往美国、英国、德国的高单价直邮商品。

1. eDIS 物流平台注册登录

（1）进入 eDIS 平台，登录 https：//www.edisebay.com/seller/login，单击"立即注册"按钮，如图 9-1 所示。

图 9-1　eDIS 平台账户登录

（2）用户在注册页面内，输入注册邮箱、密码与验证码，阅读并确认同意《网站服务条款》和《用户隐私声明》，单击"注册"按钮，如图 9-2 所示。

图 9-2　eDIS 平台账户注册

（3）根据页面提示，请前往注册邮箱内验证账号，如图 9-3 所示。

（4）用户单击邮件内的验证链接，确认并激活账号，如图 9-4 所示。

跨境电商物流

图9-3　eBay eDIS 平台账户验证

图9-4　eBay eDIS 平台邮箱验证

注册成功后该账号会被用作为 eDIS 主账号用于登录物流平台和修改物流平台设置等。

2. eDIS 账户配置

用户在首次登录注册成功的 eDIS 主账号时，系统会自动引导用户进行账号预设操作，用户完成订单来源预设、发货地址预设、交运偏好预设、打印面单预设、添加物流预设等，并绑定 eBay ID 后，即可正常使用 eDIS 平台。

（1）选择订单来源。eDIS 系统提供两种订单来源预设置，如图9-5所示。

1）系统自动导入。用户选择"系统自动导入"，系统将从 eBay 平台自动获取卖家订单导入 eDIS 系统。

第9章 跨境电商物流平台操作

订单来源预设（必填）
注：所有偏好设置均在再次登录后生效

交易将通过以下方式加载至系统：

○ 系统自动导入
您的eBay交易会自动更新到eDIS平台中。

○ 用户通过API同步
您的eBay交易会通过API同步。

保存并继续

图 9-5　eDIS 平台订单来源预设

2）用户通过 API 同步。用户选择"用户通过 API 同步"，就可以通过调用 API 从用户系统同步 eBay 订单。

选择完订单来源预设后，单击"保存并继续"按钮，进入下一步"添加发货地址"。

（2）添加发货地址。在如图 9-6 所示的界面中，编辑保存用户的发货地址信息，设置完成的发货地址用于打印面单标签，注意要使用英文填写。

添加发货地址（必填）
*为必填项，发货地址用于标签打印

地址名称 *　　　　　　　　　　　　如需设置多个发货地址，请前往【习惯偏好 > 地址管理】统一设置

联系人姓名 *（如：Jackie Chan）　　公司名称

地址信息 *
- 国家或地区 -　　　　- 省份 -
- 城市 -　　　　　　- 区县 -

街道地址1（必填），如350 5th Ave, New York, NY 10118

街道地址2（选填）

街道地址3（选填）

邮政编码 *　　　　　　手机号码 *

上一步　　　　　　　　　　　　　　　保存并继续

图 9-6　eDIS 平台添加发货地址

跨境电商物流

用户编辑完成发货地址后，单击"保存并继续"按钮，进入下一步"添加交运偏好"。

（3）添加交运偏好。系统支持用户自行设置交运偏好，根据实际揽件情况选择上门揽收或卖家自送，如图9-7所示。

图 9-7　eDIS 平台添加交运偏好

用户编辑完成交运偏好后，单击"保存并继续"按钮，进入下一步"面单打印偏好"设置。

（4）面单打印偏好。用户根据实际情况在勾选面单上需要展示的内容，eDIS 系统目前可以显示 Item ID、SKU 编号、中英文申报名、商品属性、数量、买家 ID、卖家 ID 等信息。图 9-8 为一具体示例。

面单打印偏好设置完成后，单击"保存并继续"按钮，进入下一步"添加物流偏好"。

（5）添加物流偏好。在图 9-9 所示界面用户可以通过设置包裹重量、包裹总交易金额、买家所在国家、买家所付运费、交运方式等条件，选择偏好的物流服务产品。

物流偏好设置完成后，单击"保存并继续"按钮，进入下一步"绑定 eBay ID"。

面单打印偏好

请选择您要打印的内容信息：

商品信息：
- ☐ 中文申报名　　☐ 英文申报名
- ☐ 商品属性　　　☐ 备注

上一步　　　　　　　　　　　　　　　　　保存并继续

图 9-8　eDIS 平台面单打印偏好

添加物流偏好

*为必填项

物流偏好名称* （为方便后续选择，请填写一个您容易识别的名称。）

设置偏好条件*

- 请选择设置条件 -　　- 请选择符号 -　　自定义

⊕ 添加

物流服务*

标准　　　经济

上一步　　　　　　　　　　跳过　　保存并继续

图 9-9　eDIS 平台添加物流偏好

（6）绑定 eBay ID。在如图 9-10 所示的界面中，绑定 eBay ID 后，系统立即开始获取 eBay 平台上的订单，绑定操作参考"个人中心→eBay ID 管理"的描述。

图 9-10　eDIS 平台绑定 eBay ID

以上登录引导预设操作仅有 eDIS 主账号可以操作。配置 eDIS 账户完成后，还需要在 PushAuction 中验证 eDIS 账户。

3. eDIS 物流——橙联 SpeedPAK 运费

为进一步为卖家提供更多优质服务、提升物流表现，2018 年 3 月 6 日 eBay 上线 SpeedPAK 物流管理方案，该方案的物流服务由第三方物流合作伙伴橙联股份有限公司（以下简称橙联股份）提供且全程管理，并整合目前市场上各项优质的国内揽收、国际空运及海外最后一公里派送资源，提供高效的门到门国际派送服务并全程追踪。eBay 于 2018 年 4 月 8 日正式推出 SpeedPAK 英国、德国路向标准型和经济型服务。

橙联物流是橙联股份的一款物流服务产品，橙联股份由中信产业基金和 eBay 联合成立，凭借丰富的物流服务经验和客户市场资源，为 eBay 卖家客户提供快捷稳定、高性价比的物流服务。SpeedPAK 物流管理方案是以 eBay 平台物流政策为基础，为 eBay 大中华区跨境出口卖家定制的直邮物流解决方案。目前，SpeedPAK 物流管理方案产品已覆盖 51 个国家和地区，eBay 将在后续推出更多路向包含德国、澳大利亚、加拿大等带电服务产品。

2019 年 6 月 5 日，来自中国的 150 位 eBay 顶级卖家与行业代表汇聚在"eBay 大卖家高峰会议"上。在会上，eBay 宣布推出 SpeedPAK Lite，来帮助卖家解决超低货值轻小件的货物国际递送的成本难题，这也是 2018 年推出的跨境物流直邮方案 SpeedPAK 的延伸。SpeedPAK Lite 专门递送重量不超过 750g 的小件物品，2019 年 5 月 22 日开启英国路向服务，并陆续推出包含美国、德国、澳大利亚、加拿大等路向的服务。

SpeedPAK 美国经济型轻小件包裹运送服务于 2019 年 10 月 8 日上线（试运行）。eBay 平台和 eDIS 平台上都设置了特定的"SpeedPAK 美国经济型轻小件物流方案"的物流选项。而在 eDIS 平台上下单时，卖家要选择"轻小件"物流服务。

发往美国路向的轻小件包裹要满足如图 9-11 所示的尺寸，且包裹重量不能超过 453g，同时不支持任何带电产品。

- 尺寸限制：

Dimension(尺寸)	Minimum(最小)	Maximum(最大)
Length(长=最长边)	178mm	381mm
Width(宽=次长边)	127mm	305mm
Thickness(厚)	—	19mm

图 9-11　美国路向轻小件包裹尺寸要求

如果包裹在橙联仓库被判定为不符合美国经济轻小件的要求，在产品上线起初的 2 个月内，橙联物流会免费将物品退运到卖家的国内退运地址。

9.2　全球速卖通物流平台操作

为确保卖家放心地在速卖通平台上经营，帮助卖家降低物流不可控因素的影响，阿里巴巴集团旗下全球速卖通及菜鸟网络联合推出官方物流服务——"AliExpress"无忧物流，为速卖通卖家提供包括稳定的国内揽收、国际配送、物流详情追踪、物流纠纷处理、售后赔付在内的一站式物流解决方案。

知识拓展

无忧物流优势

无忧物流对跨境中小企业是非常好的一个物流服务，价格优惠，稳定安全，时效快，非常适合初期发展的跨境电商。而如果有热门产品的大批量订单时，则使用海外仓较为便宜，且时效更快。

1. 全球速卖通发货

（1）注册账号。在注册之前，首先准备好注册全球速卖通所需的材料：一个企业支付宝账号、一个国际通用邮箱以及公司营业执照复印件。

打开 https：//sell.aliexpress.com/zh/__pc/newsellerlanding.htm 网站，单击"注册"按钮，进行注册。全球速卖通注册界面如图9-12所示。

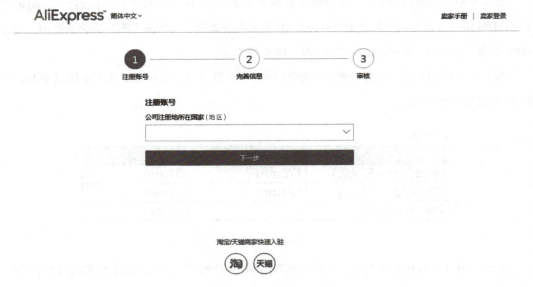

图9-12　全球速卖通注册界面

（2）进入"我的速卖通"→"交易"，选择"等待您发货"状态的订单，将看到所有等待发货的订单明细，选择需要发货的订单，单击"发货"按钮，如图9-13所示。

图9-13　全球速卖通发货页面

之后将看到如图 9-14 所示的界面，请选择"线上发货"。

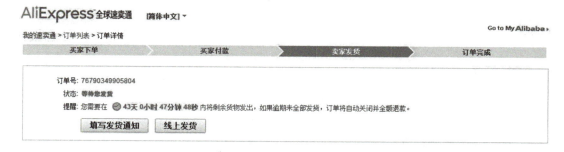

图 9-14　全球速卖通订单详情界面

对于已部分发货的商品，将会看到"填写发货通知""发货完毕确认"和"线上发货"三个按钮，如图 9-15 所示。选择"线上发货"，即可进入选择物流方案的环节。

图 9-15　全球速卖通订单已部分发货界面

2. 选择物流方案

（1）在"选择物流方案"界面，选择需要的物流服务。当选择的物流服务与买家下单的服务不一致时，系统将提示确认。选择完毕后，单击"下一步，创建物流订单"，如图 9-16 所示。

（2）创建物流订单。"创建物流订单"界面如图 9-17 所示。

（3）如果需要修改买家收件信息，可以单击如图 9-17 所示的"修改收件信息"，会弹出如图 9-18 所示的对话框，编辑收件信息，如图 9-18 所示。

（4）编辑发件信息，选择"免费上门揽货"或"自送至中转仓库"，如图 9-19 所示。

如果所在的地址没有推荐的揽收仓，系统会提示自寄至指定中转仓库，如图 9-20 所示。

（5）如果依旧选择"免费上门揽收"，可以单击"申请仓库上门揽收"。申请揽收仓库，请务必先与仓库沟通能否上门揽收，以免仓库拒单，如图 9-21 所示。

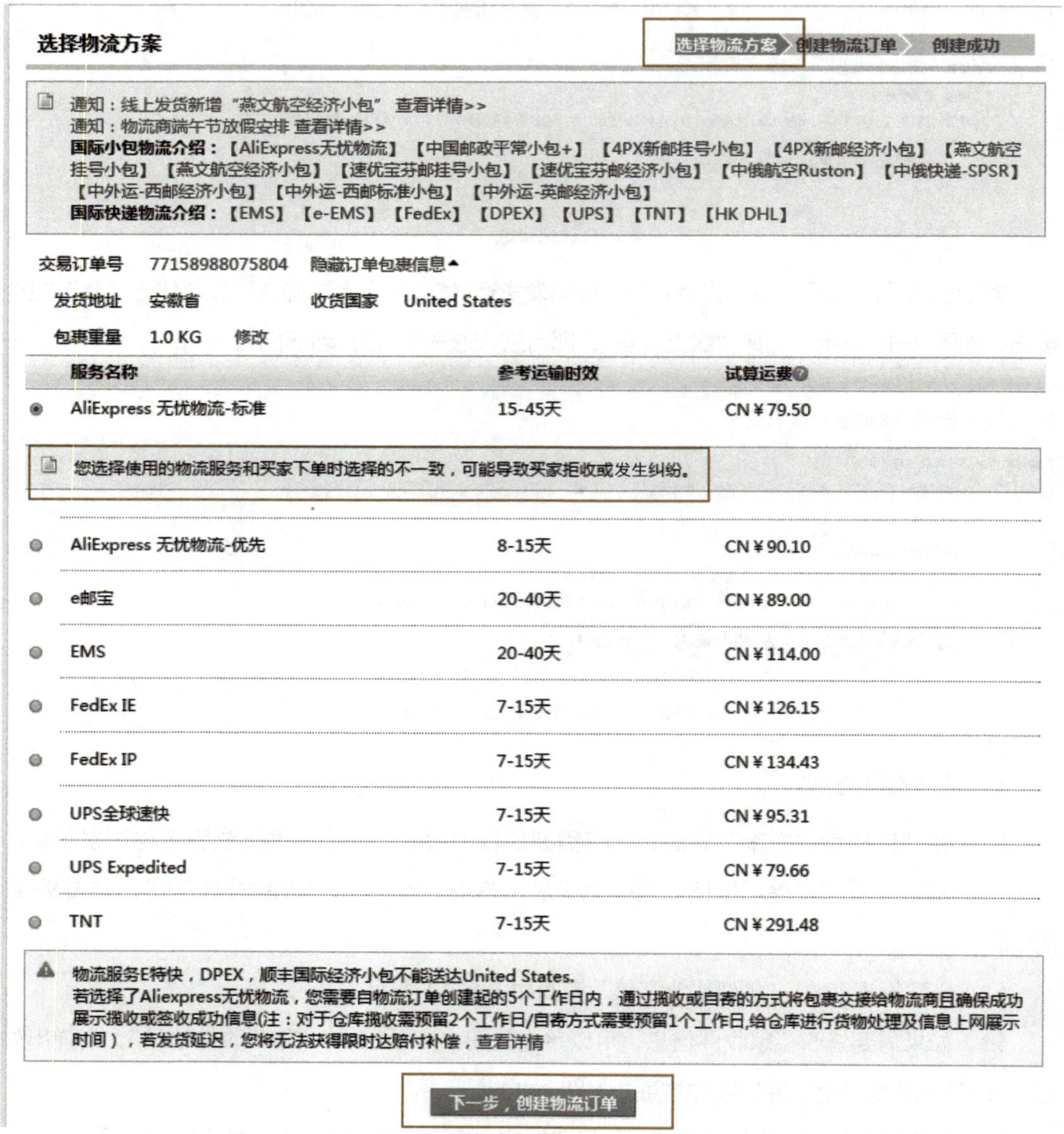

跨境电商物流

选择物流方案		选择物流方案 〉 创建物流订单 〉 创建成功

通知：线上发货新增"燕文航空经济小包"查看详情>>
通知：物流商端午节放假安排 查看详情>>
国际小包物流介绍：【AliExpress无忧物流】【中国邮政平常小包+】【4PX新邮挂号小包】【4PX新邮经济小包】【燕文航空挂号小包】【燕文航空经济小包】【速优宝芬邮挂号小包】【速优宝芬邮经济小包】【中俄航空Ruston】【中俄快递-SPSR】【中外运-西邮经济小包】【中外运-西邮标准小包】【中外运-英邮经济小包】
国际快递物流介绍：【EMS】【e-EMS】【FedEx】【DPEX】【UPS】【TNT】【HK DHL】

交易订单号　77158988075804　隐藏订单包裹信息▲
发货地址　安徽省　　　　　收货国家　United States
包裹重量　1.0 KG　修改

服务名称	参考运输时效	试算运费
● AliExpress 无忧物流-标准	15-45天	CN￥79.50

⚠ 您选择使用的物流服务和买家下单时选择的不一致，可能导致买家拒收或发生纠纷。

○ AliExpress 无忧物流-优先	8-15天	CN￥90.10
○ e邮宝	20-40天	CN￥89.00
○ EMS	20-40天	CN￥114.00
○ FedEx IE	7-15天	CN￥126.15
○ FedEx IP	7-15天	CN￥134.43
○ UPS全球速快	7-15天	CN￥95.31
○ UPS Expedited	7-15天	CN￥79.66
○ TNT	7-15天	CN￥291.48

⚠ 物流服务E特快、DPEX、顺丰国际经济小包不能送达United States。
若选择了Aliexpress无忧物流，您需要自物流订单创建起的5个工作日内，通过揽收或自寄的方式将包裹交接给物流商且确保成功展示揽收或签收成功信息(注：对于仓库揽收需预留2个工作日/自寄方式需要预留1个工作日，给仓库进行货物处理及信息上网展示时间），若发货延迟，您将无法获得限时达赔付补偿，查看详情

[下一步，创建物流订单]

图 9-16　全球速卖通物流选择方案

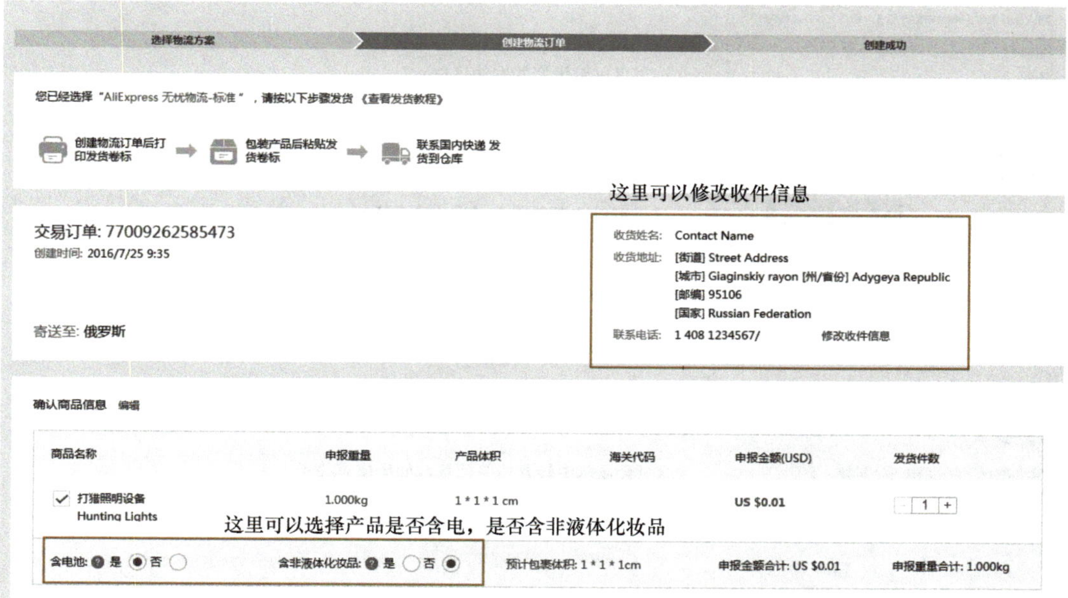

图 9-17　创建物流订单

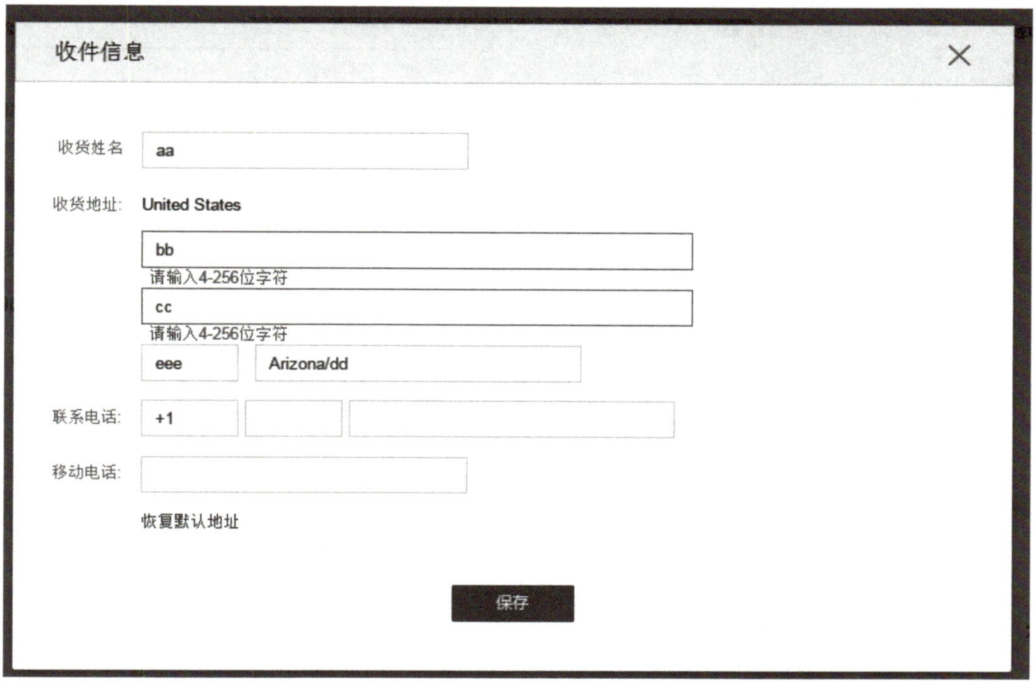

图 9-18　修改收件信息

跨境电商物流

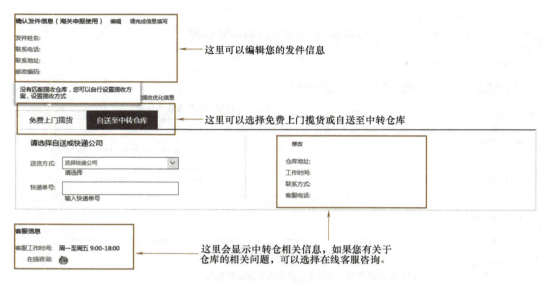

图 9-19　配置对应仓库

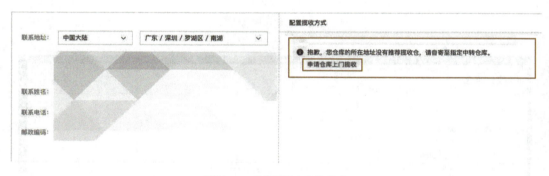

图 9-20　自寄至指定中转仓库

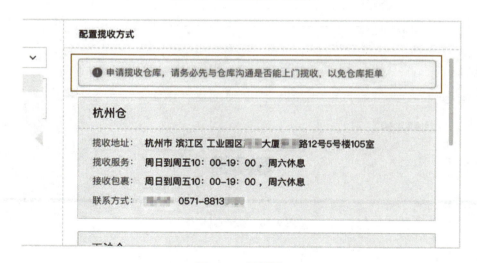

图 9-21　申请揽收

（6）在创建物流订单的时候，在界面底部有关于无法投递的包裹处理方案。卖家可以根据自己的需要，选择是要将包裹退回，还是在海外销毁。

当卖家选择"退回"时，每单会收取固定金额的附加费，对于选择退回的包裹，一旦出现目的国无法投递的情况，将不再收取退回运费；当卖家选择"销毁"时，不产生退件服务费，将免费销毁包裹，如图9-22所示。

图9-22　处理目的国无法投递的退件

以上选择全部完毕之后，选中"我已阅读并同意《在线发货-阿里巴巴使用者协议》"，并选择"提交发货"。至此，物流订单创建完毕。

（7）查看国际物流单号，打印发货标签。

在物流订单创建完毕之后，会出现如图9-23所示的界面，提示"成功创建物流订单"，单击"物流订单详情"链接，如图9-23所示，即可看到生成的国际物流单号，即国际货运追踪号，如图9-24所示，打印发货标签，如图9-25所示。

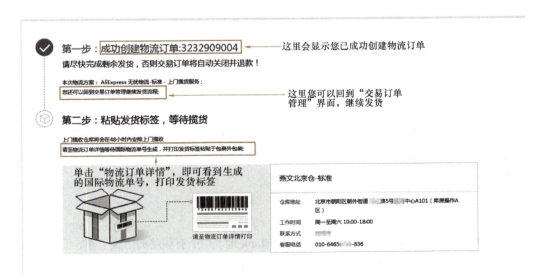

图9-23　成功创建物流订单

图 9-24　显示国际物流单号

图 9-25　打印发货标签

9.3　敦煌网物流平台操作

敦煌网开创了 DHgate 小额 B2B 交易平台，打造了外贸交易服务一体化平台 DHport，为优质企业提供了直接对接海外市场需求的通路，率先为传统贸易线上化提供从金融、物流、支付、信保到关、检、税、汇等领域的一站式综合服务。

1. DHLink 综合物流平台

2020 年 1 月 14 日，敦煌网正式完成旧版 DHLink 地址中所有线路的下线工作，旧版本无法完成发货申请，旧版中的线路也全部迁移至新版（DHLink2.0）地址中。

知识拓展

DHLink 综合物流平台

DHLink 综合物流平台（www.dhlink.com）是敦煌网为所有电商卖家推出的，提供更多安全、高效并低价的国际物流运输方式，同时优化国际物流操作流程的在线综合物流平台。卖家通过在线填写发货申请、线下发货至合作仓库、在线支付运费三个步骤，完成国际物流发货，让买卖双方在享受高品质物流服务的同时，大大降低了物流成本。

在 DHLink2.0 中，卖家通过"我的 DHLink→智能下单"便可创建订单。在"查询价格"界面，卖家也可以查询到物流方案的运输方式、运输时效、交货方式、计费重量、市场价和现价等信息。

此外，在"添加商品"界面，填写所发商品的 SKU 编码、商品名称、所属类目、中文申报名、英文申报名、HS 编码、申报重量、申报金额信息，填写完毕后，单击"保存"按钮便可成功添加所需商品信息。

同时，敦煌网还变更了终止账户订单处理流程，在通用处罚措施与规则一栏新增了相关规定，进一步规范了平台秩序。而此次 DHLink2.0 的启用，也将为卖家提供更加优质的物流服务。

DHLink 在线发货流程如图 9-26 所示。

图 9-26　DHLink 在线发货流程

2. DHLink 物流平台操作

（1）输入网址 www.dhlink.com，打开 DHLink 首页，如图 9-27 所示。

单击"注册"按钮，弹出如图 9-28 所示的界面，注册账号。

单击"我的 DHLink"，如图 9-29 所示。

图 9-27 DHLink 首页

图 9-28 DHLink 注册界面

图 9-29 单击"我的 DHLink"

（2）智能下单：单击"我的 DHLink →智能下单"。

1）创建订单：单击"我的 DHLink →智能下单→创建订单"，如图 9-30 所示。

如图 9-31 所示，在"创建订单"界面，可以输入要发货物的发货地、收货地、包裹重量、包裹数量以及包裹体积，同时选择所需的物流类型、时效、货物类型，再单击"查询价格"。

如图 9-32 所示，在"查询价格"界面，可以查询到物流方案的运输方式、运输时效、交货方式、计费重量、市场价和现价等信息。选择合适的物流方案后，单击"下单"，进入智能下单系统。

图 9-30　创建订单

图 9-31　"创建订单"界面

跨境电商物流

图9-32 "查询价格"界面

第一，填写收/发件人信息。

在"填写收/发件人信息"界面，再次核对物流方案信息无误后，单击"设置发件地址"，如图9-33所示。

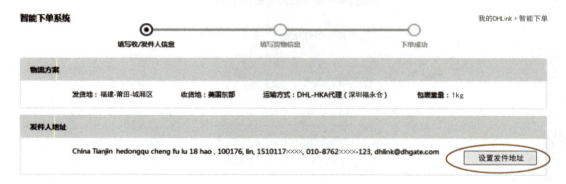

图9-33 设置发件地址

在"选择发件地址"对话框，选择所要使用的发件地址后，单击"使用"按钮，如图9-34所示。

图9-34 选择发件地址

在"填写收／发件人信息"界面，设置完发件地址后，单击"设置收件地址"，如图9-35所示。

图9-35 设置收件地址

在"设置收件地址"界面，填写所发货物的联系人、收货国家、州／省、城市、详细地址、邮政编码、联系电话信息，填写完毕后，单击"保存"按钮，如图9-36所示。

图9-36 填写收件地址

在"填写收／发件人信息"界面，设置完收件地址后，单击"交货方式"，可查看有关交货方式的相关信息并进行选择，如图9-37所示。

图9-37 选择交货方式

跨境电商物流

第二，填写货物信息。

在确认"填写收/发件人信息"界面的信息完整无误后，单击"下一步"，进入"填写货物信息"界面，单击"添加商品"，如图9-38所示。

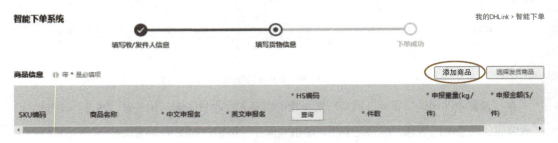

图9-38 添加商品

在"添加商品"对话框，填写所发商品的SKU编码、商品名称、所属类目、中文申报名、英文申报名、HS编码、申报重量、申报金额信息，填写完毕后，单击"提交"按钮，如图9-39所示。

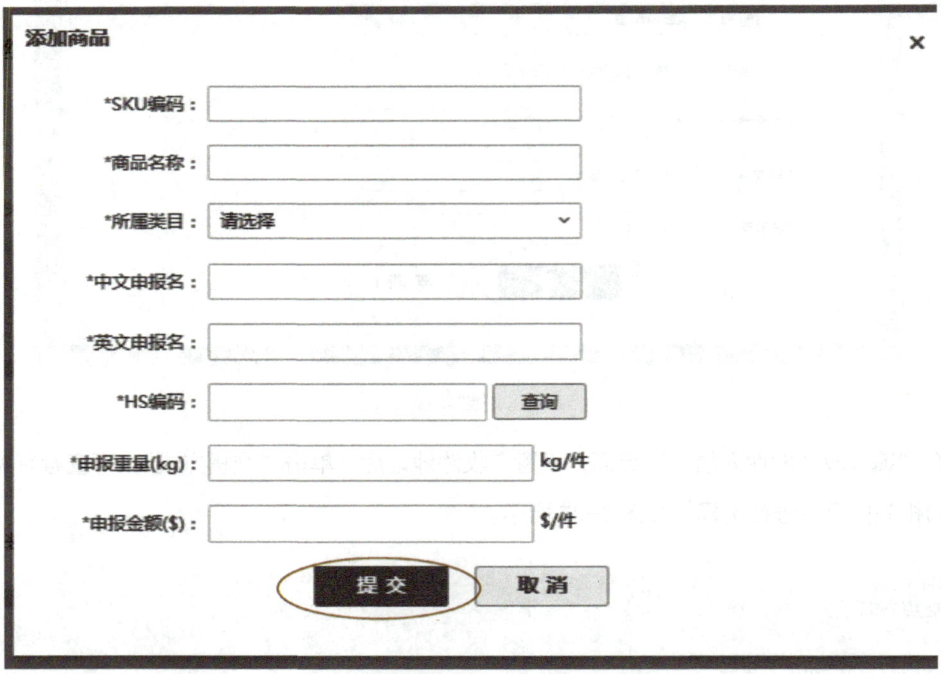

图9-39 添加商品

在"填写货物信息"界面，若已提前导入商品模板，则可单击"选择发货商品"，从导入过的商品模板中选择发货商品，如图9-40所示。

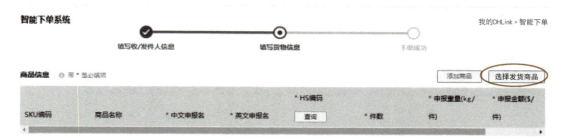

图 9-40 选择发货商品

进入"选择发货商品"界面后,可根据商品 SKU、商品名称及类目查询商品信息(见图 9-14 中的 1、2);选择所需商品后,单击"添加"按钮,右侧会出现"已添加的商品",所有商品都添加完成后,单击"确定"按钮(见图 9-41 中的 3、4)。

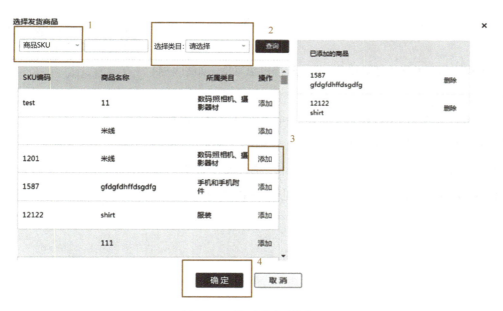

图 9-41 选择发货商品信息

商品信息填写完毕后,在"填写货物信息"界面继续填写包装信息,包括包裹包装后的重量、数量及尺寸,若不止一种类型的包裹,可以单击"添加包裹",继续填写包装信息,如图 9-42 所示。

图 9-42 填写包装信息

确认"填写货物信息"界面的信息无误后,单击"提交"按钮,则下单成功,如图9-43所示。

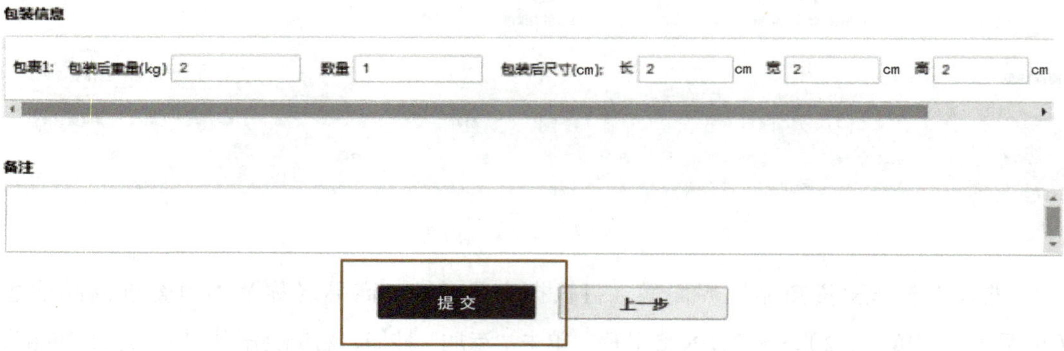

图9-43 提交

2)批量发货。单击"我的DHLink→智能下单→批量发货"。

若卖家所要发货的订单较多,可以选择批量发货,如图9-44所示。

下载批量发货Excel模板(见图9-45中的1)后,根据模板在Excel中填写所要发货的商品信息;单击"浏览"(见图9-45中的2),选择Excel文件,单次上传限制500个订单;添加Excel文件后,单击"上传"按钮(见图9-45中的3),即下单成功。

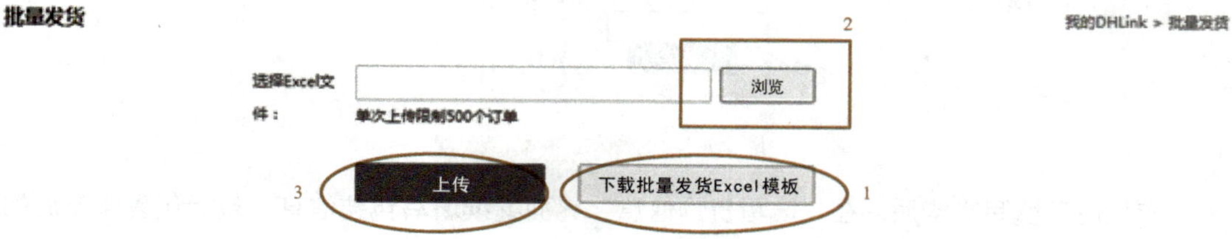

图9-44 批量发货

图9-45 批量发货

(3)订单管理:单击"我的DHLink→订单管理"。

按照物流类型对订单进行分类管理,订单分为国际e邮宝、国际快递、国际专线、国际小包,如图9-46所示。

进入"订单管理"界面后,可选择物流类型内包含的物流线路对订单进行查看及管理,如图9-47所示。

第 9 章 跨境电商物流平台操作

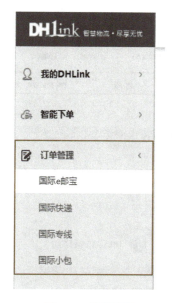

图 9-46　订单管理

图 9-47　选择物流线路

选择完物流线路后，单击"待仓库收货"（见图 9-48 中的 1），可对待仓库收货的订单进行管理；在待仓库收货的"订单管理"界面中，可根据国际运单号、申请时间、交货方式或交货仓库对订单进行查询，单击"查询"按钮（见图 9-48 中的 2）；查询到所需订单后，选择需进行确认发货的订单，单击"打印物流发货单条码"（见图 9-48 中的 3），条码贴在包裹上，避免无法收货入库；物流发货单条码打印并粘贴完毕后，选择需进行确认发货的订单，单击"批量确认发货"（见图 9-48 中的 4）。

进入"确认发货"界面后，再次确认订单已发货，若为自送仓库，则选择"自送仓库：填写国内运单号"（见图 9-49 中的 1）；填写国内物流及国内物流运单号后，单击"确认"按钮（见图 9-49 中的 2），确认所选订单已发货。

179

跨境电商物流

图9-48 待仓库收货

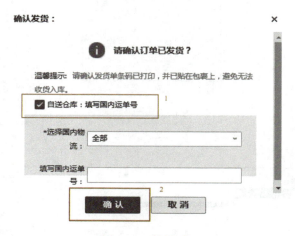

图9-49 确认发货

选择完物流线路后，单击"待支付运费"（见图9-50中的1），可对待支付运费的订单进行管理；在待支付运费的"订单管理"界面中，可根据国际运单号、交货仓库或申请时间对订单进行查询，单击"查询"按钮（见图9-50中的2）；查询到所需订单后，选择需进行支付运费的订单，单击"立即支付"或"批量支付运费"（见图9-50中的3、4）。

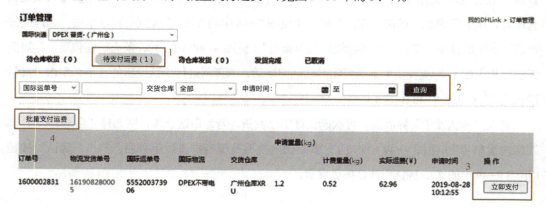

图9-50 待支付运费

在"支付运费"界面再次确认物流发货单号无误后，单击"支付"按钮，如图9-51所示。

图 9-51　支付运费

选择完物流线路后，单击"待仓库发货"（见图9-52中的1），可查看待仓库发货的订单；单击"发货完成"（见图9-52中的2），可查看发货完成的订单；单击"已取消"（见图9-52中的3），可查看已取消发货的订单。

图 9-52　待仓库发货

（4）商品管理。单击"我的DHLink→商品管理"，如图9-53所示。

图 9-53　商品管理

在"商品管理"界面中，可根据SKU编码、商品名称或所属类目对商品进行查询，单击"查询"按钮（见图9-54中的1）；单击"添加商品"（见图9-54中的2），进行商品添加。

图 9-54　查询、添加商品

在"添加商品"界面，填写所发商品的 SKU 编码、商品名称、所属类目、中文申报名、英文申报名、HS 编码、申报重量、申报金额信息，填写完毕后，单击"保存"按钮，如图 9-55 所示。

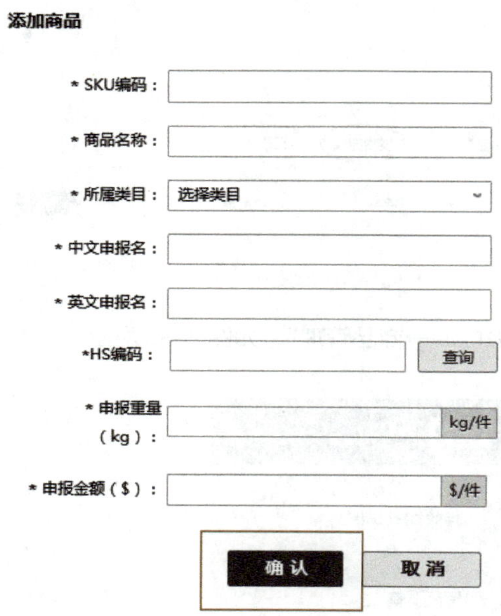

图 9-55　添加商品

若卖家所要添加的商品较多，可以批量添加。

下载商品模板（见图 9-56 中的 1）后，根据模板在 Excel 中填写所要添加的商品信息；将根据模板填写的商品信息 Excel 表导入（见图 9-56 中的 2），即可批量添加商品信息；单击"导出 Excel"（见图 9-56 中的 3），可导出已添加的所有商品信息的 Excel 表。

（5）账户信息：单击"我的 DHLink→账户信息"，如图 9-57 所示。

在"账户信息"界面，卖家可以得知账户总金额、可用余额和冻结金额，单击"在线充值"按钮，可对 DHLink 账户进行充值，如图 9-58 所示。

图 9-56　批量导入商品

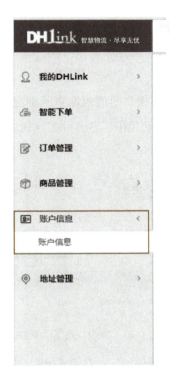

图 9-57　账户信息

图 9-58　在线充值

进入"在线充值"界面,在确认充值账户正确后,填写充值金额,单击"下一步"按钮,即可进行充值,如图 9-59 所示。

图 9-59　在线充值

卖家可以根据物流发货单号或操作时间对账户明细进行查询,单击"查询"按钮(见图 9-60 中的 1);要导出账户明细,可单击"导出明细"(见图 9-60 中的 2)。

图 9-60　查询和导出账户明细

卖家可以根据物流发货单号或操作时间对在线支付明细进行查询,单击"查询"按钮(见图 9-61 中的 1);要导出在线支付明细,可单击"导出明细"(见图 9-61 中的 2)。

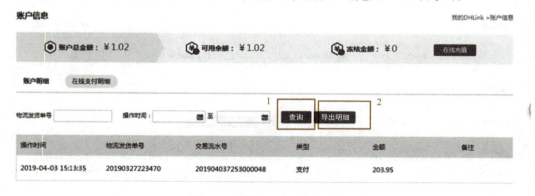

图 9-61　查询和导出在线支付明细

（6）地址管理：单击"我的 DHLink →地址管理"，如图 9-62 所示。

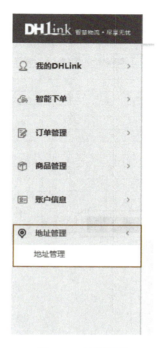

图 9-62　地址管理

进入"发件地址"界面后，单击"添加发货地址"，最多可添加五个发货地址，如图 9-63 所示。

图 9-63　发件地址

进入"添加发货地址"界面后，填写联系人、公司名称、所在地、详细地址、邮政编码、手机号码、固定号码和电子邮箱信息后，单击"确认"按钮，如图 9-64 所示。

进入"上门揽收地址"界面后，单击"添加揽收地址"，最多可添加五个揽收地址，如图 9-65 所示。

进入"添加揽收地址"界面后，填写联系人、公司名称、所在地、详细地址、邮政编码、手机号码、固定号码和电子邮箱信息后，单击"确认"按钮，如图 9-66 所示。

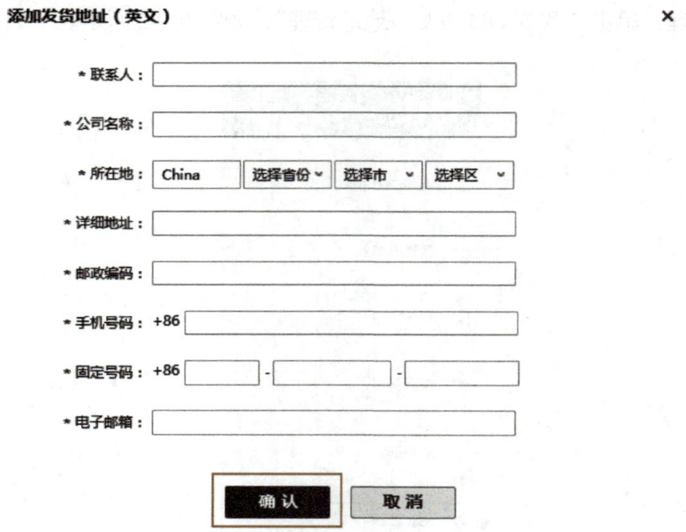

图 9-64　添加发货地址

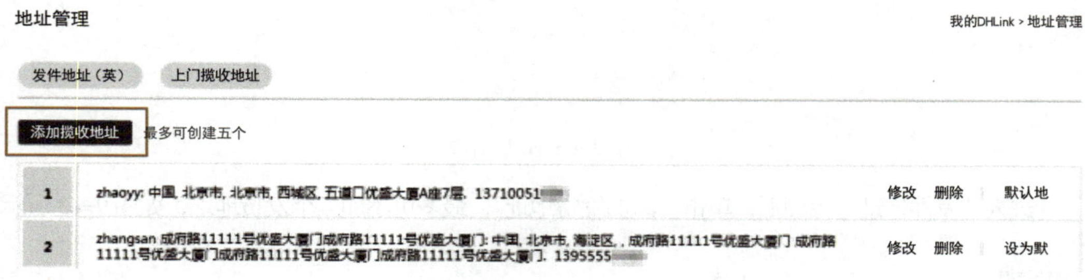

图 9-65　添加揽收地址

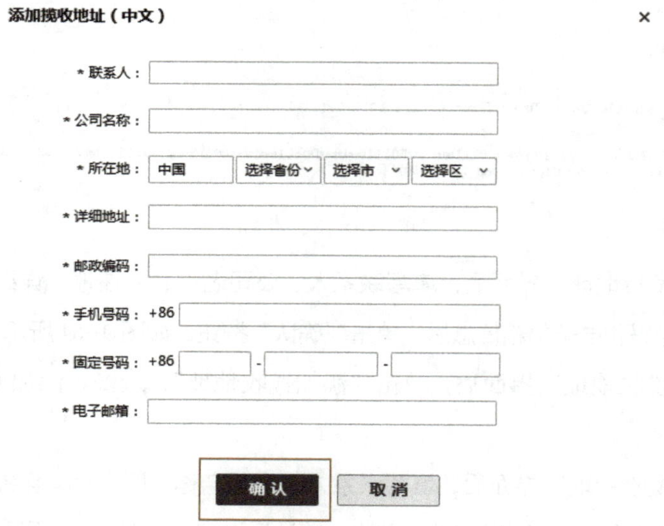

图 9-66　添加揽收地址

本章小结

本章主要介绍了 eBay、全球速卖通、敦煌网跨境电商物流平台操作流程，通过本章的学习，读者能够熟练操作 eBay、全球速卖通、敦煌网跨境电商物流平台。

课后思考题

一、操作题

登录 eBay、全球速卖通、敦煌网跨境电商物流平台，注册账号，查看物流平台操作流程。

二、案例分析

围绕"短链、智能、共生"，京东物流正携手社会各界共建全球智能供应链基础网络（GSSC），聚焦供应链、快递、供应链数字化产业平台三大业务板块，为客户、行业、社会提供全面的一体化的供应链解决方案，实现"有速度更有温度"的优质物流服务。

物流服务有哪些？

1. 京东供应链

京东供应链为商家提供软硬件高度协同，价值、信赖、服务可承诺的全托管式的供应链一体化服务。

2. 京东快递

京东快递为客户提供有温度的优质包裹交付服务。提供多种时效产品选择和个性化增值服务，更加专业、多样，为用户提供更加贴心的体验。

3. 京东快运

京东快运是京东物流六大产品体系之一，以搭建 GSSC 为目标，致力于智能化网络搭建及多式联运研究和应用，为客户提供动态供应链全生态服务的同时，秉承着合作共赢、协同发展、资源共享、集成创新的理念，建设京东物流复合型通道网络，是京东物流对内降本增效、对外经营创新的重要驱动。

4. 京东冷链

京东物流早在 2014 年开始打造冷链物流体系，2018 年正式推出京东冷链（JD ColdChain）。京东冷链专注于生鲜食品、医药物流，依托冷链仓储网、冷链运输网、冷链配送网"三位一体"的综合冷链服务能力，以产品为基础，以科技为核心，通过构建社会化冷链协同网络，打造全流程、全场景的 F2B2C 一站式冷链服务平台，实现对商家与消费终端的安心交付。

5. 京东云仓

京东云仓以整合共享为基础，以系统和数据产品服务为核心，输出技术、标准和品牌，助

跨境电商物流

力商家及合作伙伴，是物流和商流相融合的云物流基础设施平台。

6. 京东跨境

京东跨境通过在全球构建"双48小时"通路，帮助中国制造通向全球、全球商品进入中国，同时，为商家提供一站式跨境供应链服务。

7. 京东服务+

以"让服务更有价值"为使命，致力于成为中国最值得信赖的高品质服务平台。另外，京东聚焦3C、家电、家居三大领域，提供安装、维修、清洗、保养等服务。

问题：

1. 京东物流主要有哪些服务？
2. 京东跨境电商物流运作模式是什么？

附录

相关网站

1. 全球速卖通网站 https：//sell.aliexpress.com/zh/__pc/newsellerlanding.htm
2. 中外运速递有限公司网站 http：//www.sinoex.com.cn
3. 中外运跨境电商平台 http：//oms.esinotrans.com
4. 中国邮政网站 http：//www.chinapost.com.cn
5. 燕文物流网站 http：//www.yw56.com.cn
6. 安迈世网站 https：//www.aramex.com/cn/zh
7. 俄速通网站 http：//www.ruston.cc
8. 拓领网站 https：//www.tollgroup.com/zh-hans
9. 上海宏杉国际物流有限公司 http：//www.17feia.com
10. TNT 快递运输 https：//www.tnt.com/express/zh_cn/site/home.html
11. UPS 联合包裹 https：//www.ups.com/us/en/Home.page
12. 联邦快递网站 https：//www.fedex.com/zh-cn/home.html
13. DHL 国际运送 https：//www.logistics.dhl/cn-zh/home.html
14. 顺丰速运 http：//www.sf-express.com/cn/sc/
15. 圆通速递 http：//www.yto.net.cn
16. 韵达速递 http：//www.yundaex.com
17. 中通快递 https：//www.zto.com
18. 申通快递 http：//www.sto.cn
19. 雨果网 https：//www.cifnews.com

参考文献

[1] 陈碎雷. 跨境电商物流管理[M]. 北京：电子工业出版社，2018.

[2] 邓玉新. 跨境电子商务：理论、操作与实务[M]. 北京：人民邮电出版社，2017.

[3] 邓志超，崔慧勇，莫川川. 跨境电商基础与实务[M]. 北京：人民邮电出版社，2017.

[4] 张瑞夫. 跨境电子商务理论与实务[M]. 北京：中国财政经济出版社，2017.

[5] 陆端. 跨境电子商务物流[M]. 北京：人民邮电出版社，2019.

[6] 李贺. 报关实务[M]. 2版. 上海：上海财经大学出版社，2018.

[7] 逯宇铎，陈璇. 跨境电子商务[M]. 北京：机械工业出版社，2021.

[8] 逯宇铎，陈璇，孙速超. 跨境电子商务案例[M]. 北京：机械工业出版社，2020.

[9] 伍蓓. 跨境电子商务理论与实务[M]. 北京：人民邮电出版社，2020.

[10] 朱孟高. 电子商务物流管理[M]. 北京：电子工业出版社，2019.